# 境外追逃追赃
## 法律问题研究

黄 风◎著

EXTRADITION OF

FUGITIVES

AND

STOLEN
ASSET
RECOVERY

中国政法大学出版社

2020·北京

**图书在版编目（ＣＩＰ）数据**

境外追逃追赃法律问题研究/黄风著. —北京：中国政法大学出版社，
2020.10
ISBN 978-7-5620-8123-4

Ⅰ.①境… Ⅱ.①黄… Ⅲ.①国际刑法－司法协助－研究 Ⅳ.①D997.9

中国版本图书馆CIP数据核字(2020)第200695号

------------------------------------------------------------------------------------

| | |
|---|---|
| 出 版 者 | 中国政法大学出版社 |
| 地　　址 | 北京市海淀区西土城路 25 号 |
| 邮寄地址 | 北京 100088 信箱 8034 分箱　邮编 100088 |
| 网　　址 | http://www.cuplpress.com (网络实名：中国政法大学出版社) |
| 电　　话 | 010-58908289(编辑部) 58908334(邮购部) |
| 承　　印 | 固安华明印业有限公司 |
| 开　　本 | 880mm×1230mm　1/32 |
| 印　　张 | 6.75 |
| 字　　数 | 155 千字 |
| 版　　次 | 2020 年 10 月第 1 版 |
| 印　　次 | 2020 年 10 月第 1 次印刷 |
| 定　　价 | 39.00 元 |

# 境外追逃追赃是持续的法律博弈

## （代前言）

近几年来，境外追逃追赃已成为国内舆论和政法实务的热点议题，由于境外追逃追赃往往是办理某些腐败案件的需要并且同反腐败工作紧密相连，对这一问题的研究和论述一般都注重较高的"政治站位"，在国际合作问题上比较强调各国反腐败合作的"政治意愿"。在世界各国的司法实践中，针对腐败犯罪案件的追逃追赃国际刑事合作往往成功率并不很高，就我们中国而言，其中一个主要的原因就是过于依赖或者相信各国反腐败"政治意愿"，而轻视了针对具体法律问题的分析、研究和解决，似乎只要能够占领反腐败这一"道德制高点"，其他法律问题也就可以迎刃而解。

但实际情况可能事与愿违。每个国家在反腐败及其国际刑事合作问题上都特别注重各自价值观念的宣解与维护，在一些境外追逃追赃案件中，不同政治见解、人权保护、死刑、刑讯逼供等说法成了不少国家拒绝提供引渡合作或刑事司法协助的主要理由，在这种情况下，基于不同价值观念或意识形态而形成的法律标准及其解释可能成为妨碍人们占据反腐败道德制高点的主要障碍，或者说，形成了在反腐败国际刑事合作中人们所更加关注的另一种"道德制高点"。前不久发生的日产汽车公司前董事长戈恩外逃及追逃事件就是一个令人深思的实例，面对日本检察机关的指控和国际刑警组织的红色通报，戈恩这只"黎巴嫩凤凰"也在想方设法地抢占国际合作的道德制高点，使得对他的追诉和追逃进程受到关于"人权""歧视""操纵司法"等各种各样的舆论拷问。

我们不要幼稚地以为各国政治领导人在多边、双边等外交场合表达的反腐败国际合作意愿或者达成的相关政治宣言可以取代各国司法机关或其他主管机关在具体案件中对本国法律制度、原则、规则的适用与解释，即使是在那些社会制度或意识形态相同的国家之间，例如欧盟成员之间，美国、加拿大、澳大利亚之间，国家领导人或政治层面对个案司法程序的干预也是令人忌讳和讨嫌的，是难以奏效的，甚至会引起适得其反的效果。笔者并不否认或贬低反腐败国际合作政治意愿的作用和意义，没有这一政治意愿，追逃追赃国际合作也不会成为当今国际社会所特别关注的热点或焦点议题。作为实务工作者和法律研究人员还是要切忌空谈，放低身段去分析、研究具体的法律问题，把境外追逃追赃更多地看作是法律博弈，而且是一种不以一时一事胜败见分晓的、持续的法律博弈。

从一定意义上讲，博弈是一种竞技，它必须遵循相关各方共同商定的竞技规则。我们说境外追逃追赃是法律博弈，就是说这些超出一国领域的活动必须遵循国际法和其他国家国内法所规定的规则与程序。法律博弈的技艺主要表现为对各国法律规则的把握和运用，在境外追逃追赃中切忌法律虚无主义，在国际合作场合不按规矩出牌，搞一厢情愿，投机取巧，或者做一锤子买卖，这类做法只会在博弈中丧失信誉和持续获胜的可能性。不同类型的竞技遵循的是不同的规则，引渡、资产追缴的刑事司法协助所遵循的也是特定的规则，这种规则通常由国际条约加以确定，并且由各国的国内法作出较为具体的调整，这类规则的适用可以并且通常保持着一定的独立性，不受政治或外交因素的影响。有些国家虽然在政治或社会制度方面存在着较大差异，或者一时存在着严重的外交纠纷或摩擦，但只要双方遵循共同认可的合作规则，仍然可以针对具体个案开展刑事司法合作并且取得成功。有时候，两个国家的法律制度和政治制度非常相似并且有着紧密的外交关系，然而，如果一方的刑事司法合作请求不符合国际法规范或者不符合被请求国法律规定的条件，这种请求同样会被对方拒绝。在正常的法治环境下，滥用国与国之间政治关系或外交关系的司法合作是难以持续地获得成功的。

博弈应当讲究对策，不可毫无章法、东一榔头西一棒子。对策的制定需要特别注重针对性，在境外追逃追赃工作中，应当根据不同的案件事实、不同的合作者、不同的诉讼对手、不同国家的法律制度，拟定不同的工作步骤、方式、策略、重点和突破口，做到知己知彼，对症施策，灵活应变，避免千篇一律，更切忌简单地将国内工作方式和手段套搬到国际合作或国外法律程序当中。制定对策的过程也是自我调整的过程，国际刑事司法合作的主管机关应当不断提高自身能力建设，接受新的先进理念，创新工作和协调方式，改进和革除不适应国际司法合作、不利于在反腐败合作中占领道德制高点的陈旧制度。从一定意义上讲，道德制高点的占据依靠的是法治和伦理的先进性和包容性。

在法律博弈中，律师和专家是最好的博弈助手和参谋，因为审理引渡案件或者资产追缴案件的外国司法机关在对有关事实和法律问题的审理中更愿意倾听律师和专家的意见，尤其是持中立立场的专家或非政府组织专家的意见。我曾经看到一份材料：在某外国法院审理中国政府针对一起重大腐败案件外逃犯罪嫌疑人的引渡请求时，被请求引渡人聘请了一位当地律师，这位外国律师在开庭时又聘请了三位专家证人，其中一位是外国法学教授，一位是前外国驻华记者，还有一位是人权问题专家，而中方除依靠外国检察官外没有聘请律师或专家为自己的引渡请求进行辩护并澄清相关疑问，不难想象，被请求引渡人及其律师对中国法律制度的攻击和负面宣传、参与法律博弈的人员及力量的严重不对称，必然导致该外国法院审理结果的偏向，最终导致中方的引渡请求被该外国法院拒绝。

境外追逃追赃的法律博弈是多方参与的博弈，或者说是多边博弈。在相关的法律诉讼中，对峙看起来发生在提出追逃追赃请求一方与外逃人员之间或者与非法资产持有者之间，外逃人员或非法资产持有者是直接的或名义上的对手，我们需要采用有效措施制服他们或迫使他们就范，比如，借助刑事政策的力量迫使他们接受引渡或遣返，或者迫使他们自动返还违法所得。同时也应看到，提出追逃追赃请求的一方与逃匿地或非法资产所在地的外国主管机关之间存在着更为强劲有时又颇为隐蔽的博弈，实际上，外逃者逃匿地或非法资产所在地的外国主管机关是决定性的或者潜在的博弈对手，不同的是，该外国主管机关是需要在博弈中争取为合作伙伴的对手，与其博弈的主要目的是为了取得其信任、理解和帮助，克服和消解合作中遇到的困难和障碍。为了实现此目的，在与被请求方的博弈中应当充分尊重对方的法律制度，使自己的有关请求能够得到对方法律制度的采纳和满足，有时候还需要求同存异，适当迁就，权衡利弊得失，以较小的代价换取较大的回报。

法律博弈也不以一时一事的成败论英雄。吃一堑长一智，一时一事的失利可能换来持续的和广泛的成功，持续性是法律博弈的重要特征，也是在这种博弈中策略运用的一个重要着眼点。在国际刑事司法合作中，对外提出的 10 项合作请求，如若能有 5 项得到接受和执行，那已经是相当高的成功率。不要幻想"百名红通人员"能够全部归案，无一漏网。从博弈的角度评判，真正体现技术含量的不是追回外逃人员的人数，而是追回外逃人员的方式，通过国际刑事合作成功追逃远比通过单方面"劝返"实现归案具有更强的影响力和威慑力。不退缩，不放弃，永不言败，这是从事境外追逃追赃工作人员最可贵的博弈精神。当然，作为专业的博弈者，即使对局势已经胸有成竹，同样会保持淡定，不唱高调，随时准备应对任何变局，平稳走好每一步。

这本书就是从法律博弈的角度探讨境外追逃追赃以及相关国际合作中遇到的各种各样的法律问题，客观地分析相关法律问题的缘由和机理，具体汇解和论证处理相关法律问题之方法和经验的利弊得失，寻求和设计克服或规避相关法律困难与障碍的有效措施和对策。面对现实，不尚空谈，遵守规则，改良法制，这是推进境外追逃追赃国际合作的必要心态。

黄风

2020 年 2 月 10 日

于太仆寺街

# 目 录 CONTENTS

# 第一章
# 引渡合作与对死刑的绝对禁止 *

死刑的适用在引渡与国际刑事司法协助中已成为越来越突出的问题，根据我国现行的法律规范和司法实践，主管机关通常采用向被请求国作出不适用死刑承诺的方式化解这一问题。但是，近若干年以来，国际社会对"死刑不引渡"原则的理解日趋严格，一些国家在引渡问题上已经不再接受请求国作出的关于不适用死刑的承诺。这一新情况对我国反腐败境外追逃追赃以及《引渡法》第50条和《国际刑事司法协助法》第11条的运用造成了新的问题和困难。[1]我们需要认真研究上述困境的现实状况、法制机理及深层原因，有针对性地采取应对措施，努力设法先在个案合作中克服相关法律困难，并力争最终通过法治改良彻底走出这一困境。

---

\* 本章内容曾发表于《法律适用》2019年第21期，原标题是"不适用死刑承诺面临的困境及相关应对建议"，收录本书时作者略作修改。

〔1〕 2018年10月26日颁布的《国际刑事司法协助法》也参照《引渡法》第50条的表述在第11条中规定："被请求国就执行刑事司法协助请求提出附加条件，不损害中华人民共和国的主权、安全和社会公共利益的，可以由外交部作出承诺。被请求国明确表示对外联系机关作出的承诺充分有效的，也可以由对外联系机关作出承诺。对于限制追诉的承诺，由最高人民检察院决定；对于量刑的承诺，由最高人民法院决定。在对涉案人员追究刑事责任时，有关机关应当受所作出的承诺的约束。"

## 一、弃置不适用死刑承诺的典型案例

最近一个比较典型的案例是许某引渡案。许某是中国某大学财务部负责人，自 2006 年 9 月到 2016 年 3 月，利用职务之便，先后采用刷卡套取现金、网银转账、侵吞向学生退还的书费等手段，将公款 19 591 495.72 元非法据为己有，随后逃往德国。2018 年 6 月 9 日，意大利执法机关根据国际刑警组织发布的红色通缉令于米兰对许某实行以引渡为目的的临时逮捕。2018 年 7 月 2 日，米兰上诉法院收到意大利司法部转来的中国主管机关针对许某提出的引渡请求书及支持该请求的相关材料。考虑到意大利法律在涉死刑案件引渡问题上的限制条件，在提出引渡请求时，中国驻意大利大使馆向意大利主管机关提交了由中国最高人民法院出具的关于在引渡后的刑事审判中不对许某判处死刑的承诺。[1]

针对中方提出的引渡请求，意大利米兰上诉法院在审理中认为，由于《中华人民共和国意大利共和国引渡条约》（以下简称《中国和意大利引渡条约》）没有在涉死刑案件引渡问题上作出专门规定，在此情况下适用意大利《刑事诉讼法典》第 696 条第 2 款规定的一般原则，即当对意大利有效的国际条约规范和一般国际法规范缺乏具体规定或者未作出不同规定时，应当遵循意大利《刑事诉讼法典》的相关规定，或者说遵循《中国和意大利引渡条约》第 10 条的规定，即"被请求国应当根据本国法律规定的程序处理引渡请求"。根据意大利

---

〔1〕 参见意大利米兰上诉法院刑事第五庭 2019 年 2 月 18 日判决书（N. 66/2018 Reg. Estrad. , sent. 9/2019）。

《刑事诉讼法典》第 698 条第 2 款的规定，如果引渡请求所列举的行为根据请求国法律可能被处以死刑，只有当请求国采用"不可撤销的决定"（decisione irrevocabile）科处了死刑以外的其他刑罚，或者在已科处死刑情况下该死刑已经被转换为其他刑罚时，才可准予引渡。这项由 2016 年 7 月 21 日第 149 号法律引进的新规定，在不适用死刑问题上，删除了原来意大利《刑事诉讼法典》第 698 条第 2 款的"充分的保证"（assicura-zioni sufficienti）表述。据此，米兰上诉法院刑事第五庭指出："在本案中，引渡请求的指控援引的是中国《刑法》第 382 条，这使得由该《刑法》第 383 条规定的所有刑罚均抽象地可以适用，其中包括死刑。由于诉讼程序尚处于调查阶段，不可能采用任何不可撤销的决定科处一种不同于死刑的其他刑罚。由最高人民法院和最高人民检察院出具的并由中华人民共和国驻意大利大使馆提交的、关于一旦随引渡而被定罪对许某将不适用死刑的抽象保证，自然不可能具有类似于生效判决那样一种效力。"[1]

最终，米兰上诉法院刑事第五庭于 2019 年 2 月 18 日作出判决："依据意大利《刑事诉讼法典》第 698 条第 2 款的规定，引渡不能被许可。"就在此前不久，即 2019 年 1 月 30 日，米兰上诉法院针对中方请求引渡中国公民郭某某一案也作出了不允许引渡的判决。作为许某的妻子，郭某某被中国主管机关指控参与了许某实施的贪污和洗钱犯罪，虽然涉嫌的罪行远不如许某涉嫌的罪行严重，但米兰上诉法院认为，根据中国

---

〔1〕 参见意大利米兰上诉法院刑事第五庭 2019 年 2 月 18 日判决书（N. 66/2018 Reg. Estrad. , sent. 9/2019）。

《刑法》的规定，对于郭某某所涉嫌的贪污罪同样存在着适用死刑的"抽象"可能性，因而同样适用意大利《刑事诉讼法典》第 698 条第 2 款的规定，[1]尽管中国主管机关作出了对郭某某在引渡后的审判中不适用死刑的说明和保证。

米兰上诉法院是引渡案件的一审法院，根据意大利的法律制度，被请求引渡人所在地的上诉法院负责对外国的引渡请求进行司法审查，当事人可以针对上诉法院的判决向意大利最高法院提出上诉。在很多年前，对引渡案件进行一审的意大利主管法院曾经接受过我国主管部门关于对被引渡人不适用死刑的承诺并据此作出同意引渡的判决，但是，这样的判决在上诉审中被意大利最高法院予以驳回。

早在 1999 年，意大利罗马上诉法院在审理中国公民 S. Z.[2]引渡案时曾经遇到适用死刑的可能性问题，S. Z. 被中国司法机关指控涉嫌使用诈骗手段非法集资，中方在引渡请求书中说明：根据中国现行《刑法》第 12 条的规定，对被指控的行为应当适用 1979 年《刑法》第 152 条关于诈骗罪的量刑规定，不适用 1997 年《刑法》第 192 条关于集资诈骗罪的量刑规定，因而不可能适用死刑。尽管如此，意大利司法部和罗马上诉法院为促成引渡合作仍要求中方提供不适用死刑的承诺。在中方提供上述承诺之后，1999 年 11 月 30 日罗马上诉法院作出判决，认为中国的引渡请求符合法定条件，同意将 S. Z. 引渡到中国受审。然而，在该案的上诉审中，意大利最高法院对罗马

---

〔1〕　参见意大利米兰上诉法院刑事第五庭 2019 年 1 月 30 日判决书（N.143/2018 Reg. Estrad. , sent. 5/2019）。

〔2〕　意大利向社会公布的判决书隐匿了被请求引渡人的姓名，使用缩写字母"S. Z."作为代称，故本书也使用同样的缩写字母作为被请求引渡人的代称。

上诉法院接受中方不适用死刑承诺一事大为恼火，以罕见的严厉口吻斥责罗马上诉法院的这种做法，称罗马上诉法院"擅自"将已被宣告违反意大利《宪法》的承诺机制介绍给请求国，简直是"胆大妄为"。[1] 在此案的判决中，意大利最高法院援引意大利《宪法》第 27 条第 4 款撤销了罗马上诉法院同意引渡的判决，明确禁止意大利司法机关根据请求国关于不适用死刑的承诺作出同意引渡的裁决，其理由是：不适用死刑的承诺在任何情况下都不能得出肯定不会执行死刑的结论，"包括中国针对可判处死刑的经济犯罪提出引渡请求的情况"。[2]

意大利最高法院对引渡请求国关于不适用死刑承诺的坚定排斥态度为意大利各上诉法院对外国引渡请求的司法审查定下了这样的基调：只要引渡请求列举的犯罪根据请求国的法律存在任何适用死刑的"抽象"可能性，就应当认定不具备提供引渡合作的基本条件。

2004 年 12 月，中国公民高某某因涉嫌在中国境内实施强奸和抢劫犯罪在意大利佛罗伦萨受到临时拘捕，随后案件进入引渡司法审查程序。被请求引渡人高某某被指控的是相当严重的犯罪，根据中方提供的证据材料，高某某涉嫌先后两次在山间小路上采用暴力手段强奸妇女（一名 17 岁，另一名 47 岁）并对被害人造成人身伤害，在实施强奸后还劫掠了被害人的随身财物。面对如此严重的指控，最初驻佛罗伦萨上诉法院的检

---

〔1〕 参见 2000 年 3 月 3 日最高法院第六刑事庭第 1117 号判决书（ud. 03/03/2000, dep. 22/06/2000）。

〔2〕 参见 Giorgio Latanzi e Ernesto Lupo, *Codice di procedura penale rassegna di giurisprudenza e di dottrina*, Volume X, (NUOVA EDZIONE), Milano, Dott. A. Giuffre' Editore, 2012, p.74.

察长在 2005 年 3 月 12 日向法院提交的意见书中支持中方的引渡请求，认为只要中国主管机关正式承诺不对被告人实行残酷待遇并且不判处死刑即可引渡，但是，在接下来的法庭审理中，面对被请求引渡人辩护律师针对死刑承诺问题援引的司法判例，佛罗伦萨的检察长临阵倒戈，"改变了他先前表达的意见，宣布反对引渡。" 最终，佛罗伦萨上诉法院于 2005 年 5 月 11 日作出判决，拒绝了中国针对高某某提出的引渡请求。在这一判决中，佛罗伦萨上诉法院重申，不接受引渡请求国关于不适用死刑的承诺，在请求国法律规定了死刑的情况下，为获准引渡，需要的不是承诺不适用死刑，而是对死刑的"绝对排除"（preclusione assoluta）。[1]

## 二、弃置不适用死刑承诺的法理根据

客观地讲，意大利司法机关在涉死刑案件引渡问题上对于不适用死刑承诺的排斥态度并不是仅仅针对中国的，最初也不是起因于涉及中国的引渡案件。

1993 年美国佛罗里达州法院指控意大利公民 Pietro Venezia 犯有一级谋杀罪并向意大利提出引渡请求，由于按照佛罗里达州法律对于引渡请求所针对的犯罪存在判处死刑的可能性，美国政府根据 1983 年 10 月 13 日缔结的《美国和意大利引渡条约》第 9 条的规定，"对于可判处死刑的犯罪，如果请求国承诺不判处死刑或者不执行已判处的死刑，并且被请求国认为该保证是充分的，也可以引渡"，分别于 1994 年 7 月

---

〔1〕 参见意大利佛罗伦萨第一上诉法院 2005 年 5 月 11 日判决书（N. 20/04 Reg. Estrad. ）。

28 日、1995 年 8 月 24 日和 1996 年 1 月 12 日三次向意大利递交了承诺不对被引渡人适用死刑的外交照会。意大利主管法院（莱切上诉法院）、最高法院和司法部分别依据当时的意大利《刑事诉讼法典》第 698 条第 2 款的规定，即"如果外国法律对引渡请求所针对的行为规定了死刑，只有当该外国保证将不科处此种刑罚或者不执行已科处的死刑，并且司法部长和司法机关均认为这一保证是充分的，才可准予引渡"，对于美国提供的不适用死刑承诺进行了评估，均认为该保证是充分的。意大利司法部长于 1995 年 12 月 14 日作出批准引渡的决定。

　　针对意大利政府的引渡决定，被请求引渡人 Pietro Venezia 及其律师向拉齐奥大区行政法院提出申诉，由于涉及当时的意大利《刑事诉讼法典》第 698 条第 2 款以及《意大利和美国引渡条约》第 9 条是否合宪问题，有关争议被提交意大利宪法法院审查。宪法法院经过审理于 1996 年 6 月 27 日作出判决，依据意大利《宪法》第 27 条第 4 款的规定，宣告意大利《刑事诉讼法典》第 698 条第 2 款以及意大利关于批准和执行《意大利和美国引渡条约》的 1984 年 5 月 26 日第 225 号法律违宪。

　　首先，意大利宪法法院在判决书中重申：生命权是意大利《宪法》第 2 条规定的一项不可侵犯的人权，其第 27 条第 4 款规定"不允许适用死刑"，这一条款所确立的原则"在许多的意义上可以被称之为意大利原则"。对生命权宪法保障的绝对性影响到意大利所有公共权力机构的权力行使限度，在本案中，同样影响到意大利主管机关在国际刑事司法合作领域的权力行使限度，并构成关于引渡和国际刑事司法协助的法律规范合宪性评估的实质性标准，或者说构成在引渡合作中不可稍有逾越的底线。[1]

特别应当注意的是，意大利宪法法院在判决中并没有对美国政府出具的不适用死刑承诺的可信性提出任何质疑，它注意到美国《宪法》第6条的规定，即"根据合众国的权力已缔结或将缔结的一切条约，都是全国的最高法律；每个州的法官都应受其约束，尽管任何州的宪法和法律中有任何与此相反的规定"，[2]同时，就个案而言，宪法法院也没有否定意大利司法部和意大利最高法院在 Pietro Venezia 引渡案中的观点，即认为美国联邦政府依据双边引渡条约作出的不适用死刑承诺对于美国各州司法机关具有约束力，这种效力将导致"在本案中死刑如同不再存在或者不再发挥任何作用一样"，[3]但是，在意大利宪法法院的法官们看来，问题的关键不在于请求国不适用死刑承诺的可信性和有效性程度，而在于意大利相关法律对于不适用死刑承诺机制的认可，这种承诺机制本身违反了意大利《宪法》关于禁止死刑的绝对性标准。意大利宪法法院的判决书写道：

当事人个人怀疑美国法律制度中是否存在足以维护美国联邦政府缔结的国际条约约束力的司法救济手段，这是没有根据的，对美国《宪法》第6条的解释也不存在什么疑问。这里的关键问题不是存在于有关外国法律制度中的救济手段，而是意大利《刑事诉讼法典》和批准执行《意大利和美国引渡条约》的法律所确立的承诺审查机制的内在不当性：允许以自

---

[1] 参见意大利宪法法院1996年6月27日第223号判决书第4段。

[2] 参见中国人民大学法律系国家法教研室、资料室编：《中外宪法选编》，人民出版社1982年版，第225页。

[3] 参见意大利宪法法院1996年6月27日第223号判决书第3.2段。

由裁量的方式对请求国作出的承诺的可信性程度和有效性程度进行逐案评估，这种规范的设置削弱了意大利《宪法》第27条第4款所确立原则的绝对性。[1]

基于禁止死刑的绝对性标准，意大利宪法法院的法官们对于量刑承诺的"充分性"标准表现出一种厌恶，认为关于承诺"充分性"的评估在任何情况下都只不过代表着一种主观的自由裁量，这种评估依据的是"不确定的标准"，[2]尤其是由政府部门进行的评估比较容易受政治和外交因素的影响。实际上，有关法律允许根据请求国关于不适用死刑的承诺准予引渡就等于在死刑引渡问题上"赋予国家机关更大的行动自由"。[3]因此，尽管意大利《刑事诉讼法典》第698条第2款使得意大利可以采用一种比较灵活的政策处理与其有着不同刑罚制度之国家开展的引渡合作，"但是，在我国法律制度中，意大利《宪法》明文禁止死刑，对于根据外国法律可以判处死刑的行为，在决定是否引渡问题上使用'充分的保证'这种表述，在宪法上是不可接受的。因为意大利《宪法》第27条第4款对死刑的禁止以及与之相关的、处于首要地位的基本法益——生命权所要求的是一种绝对的保护。"[4]

综上所述，在意大利宪法法院看来，任何关于不适用死刑的承诺或者保证，无论何等充分和郑重，都仅仅代表着一种未来的或然性，而不代表现实的肯定性，更何况所谓承诺的

---

〔1〕 参见意大利宪法法院1996年6月27日第223号判决书第5段。

〔2〕 参见意大利宪法法院1996年6月27日第223号判决书第2.4段。

〔3〕 参见 Vincenzo Delicato, *Diritti assoluti e aranzia di non applicazione della pena di morte nell'estradizione*, Giurisprudenza costituzionale, 1996, Volume 41, Numero 1, p. 1934.

〔4〕 参见意大利宪法法院1996年6月27日第223号判决书第5段。

"充分性"又是采用自由裁量的方式估量的，有可能受主观意志的影响。在死刑不引渡问题上，意大利《宪法》要求的是不适用死刑的肯定性，而不是或然性。正如意大利最高法院在2006 年拒绝白俄罗斯针对一起谋杀案提出的引渡请求时所总结的，1988 年意大利《刑事诉讼法典》第 698 条第 2 款和批准执行《意大利和美国引渡条约》的 1984 年 5 月 26 日第 225号法律所引入的关于不适用死刑承诺的机制，"被认为与意大利《宪法》第 27 条第 4 款对死刑的禁止相违背，从保护生命这一根本法益的意义上讲，对死刑的禁止应当以绝对的方式加以理解，不允许利用'充分的保证'的表述任由裁量性评估予以克减。"〔1〕

### 三、意大利《刑事诉讼法典》新规之分析

1988 年意大利《刑事诉讼法典》第 698 条第 2 款被宣告违宪之后，2016 年 7 月 21 日意大利立法机关通过了第 149 号法律，出台了新的第 698 条第 2 款条文，其表述是："如果引渡请求所列举的行为根据外国法律被处以死刑，只有当司法机关确认已采用不可撤销的决定科处了死刑以外的其他刑罚，或者在已科处死刑情况下该死刑已经被转换为其他刑罚时，才可准予引渡，在任何情况下均应遵守本条第 1 款的规定。"相对于以前的条文，这一最新规定有两个最为突出的改变：

（一）采用"不可撤销的决定"取代"承诺"或"保证"

随着宪法法院 1996 年第 223 号判决的发布，在不适用死

---

〔1〕 参见 2006 年 10 月 10 日最高法院第六刑事庭第 33980 号判决书（ud. 02/10/2006, dep. 10/10/2006）。

刑问题上，"承诺""保证"已经成为意大利法律界颇为忌讳的词汇，新修改的第 698 条第 2 款要求提出引渡请求的国家采用"不可撤销的决定"（decisione irrevocabile）宣告对被请求引渡人不适用死刑的安排。从"承诺"向"决定"的转变意味着从应然向实然的转变，或者说，从或然性向肯定性的转变。在意大利主管机关看来，"承诺"只不过是一种"简单的意向表达"，这种意向表达"在任何情况下都不能正式地约束国家意志"，[1]而请求国的"决定"则是国家意志的正式体现。

意大利《刑事诉讼法典》新第 698 条第 2 款所说的"不可撤销的决定"要求具备三个要件：要件一为请求国主管机关应当采用判决、裁定、命令等"决定"形式宣告不适用死刑的安排，而不能仅仅采用信函、照会等形式表达相关意愿。要件二为有关决定应当是终局性的，已经具有法律效力的，并且不可以通过申诉、上诉、再审等方式对其加以审查和修改的。要件三为有关决定的内容应当是明确和具体的，直接宣告对被请求引渡人"科处死刑以外的其他刑罚"，例如，直接宣告科处有期徒刑；仅仅简单地说"不适用死刑"可能被认为是不够明确、具体的。

鉴于上述法律要求非常严格，乃至近乎严苛，一些意大利法院甚至认为，在为追诉目的而请求引渡的情况下，"由于诉讼程序尚处于调查阶段，不可能采用任何不可撤销的决定科处一种不同于死刑的其他刑罚"，因而，一旦请求国法律对引渡

---

〔1〕 参见 2006 年 10 月 10 日最高法院第六刑事庭第 33980 号判决书（ud. 02/10/2006, dep. 10/10/2006）。

请求列举的犯罪规定了死刑，意大利就"不可能允许所谓'诉讼引渡'"。[1]一些意大利法律专家也对此表示担忧，认为如果这种"绝对表述"被理解为是对诉讼引渡（即以刑事追诉和审判为目的的引渡）的排除，则可能妨碍意大利依照意大利《宪法》履行相关的国际义务，包括针对严重犯罪开展引渡与刑事司法协助的国际义务，"可能导致在国际关系层面的违法情况"。[2]

在宪法法院第223号判决发布之后，对根据请求国法律可能判处死刑的犯罪完全排除了诉讼引渡的可能性，这种说法似乎过于悲观，不仅不能从第223号判决和意大利现行立法中找到明确根据，也不完全符合司法实践。实际上，意大利在宪法法院1996年第223号判决之后也有过针对根据请求国法律可能判处死刑的严重犯罪实行诉讼引渡的实例。1998年1月9日，意大利最高法院曾同意向波黑共和国引渡麦哈诺维奇（Mehanovic），该人被指控犯有谋杀罪，根据当时的《波黑刑法》对于严重谋杀罪最高可判处死刑。波黑驻意大利大使馆1997年9月23日照会称：根据《波黑联邦宪法》《欧洲人权公约》及其各项附加议定书具有宪法规范的效力，因而，麦哈诺维奇不可能因其所犯罪行被波黑法院判处死刑。意大利最高法院认为，上述照会的内容已经证实：波黑司法机关在针对麦哈诺维奇的刑事诉讼中将不因引渡请求所列举的犯罪对其科

---

〔1〕 参见意大利米兰上诉法院刑事第五庭2019年2月18日判决书（N. 66/2018 Reg. Estrad., sent. 9/2019）。

〔2〕 See Vincenzo Delicato, *Diritti assoluti e garanzia di non applicazione della pena di morte nell' estradizione*, Giurisprudenza costituzionale, 1996, Volume 41, Numero 1, p. 1935.

处死刑，应当认为宪法法院 1996 年 6 月 27 日第 223 号判决书所要求的绝对性条件具备。[1]由此看来，请求国在诉讼引渡中关于不适用死刑的决定，只要具备绝对的权威性和肯定性，是有可能得到意大利司法机关认可的，意大利也有可能根据此种不适用死刑的决定向请求国提供引渡合作。

(二) 取消了司法部在涉死刑案件引渡问题上的行政审查权

意大利对于外国的引渡请求实行司法审查和行政审查双重审查制，司法审查由被请求引渡人所在地的上诉法院和最高法院负责，侧重于法律问题的审查，行政审查则由司法部负责，侧重于政治问题的审查。根据先前意大利《刑事诉讼法典》第 698 条第 2 款的规定，对于请求国作出的不适用死刑的承诺或保证，同样实行双重审查，司法机关主要是从"技术角度"进行审查，侧重审查有关承诺的"合法性"，司法部长则负责就该保证的"实际可信性"进行审查，这两道审查是相互独立的；[2]只有当司法部长和司法机关均认为有关保证是"充分的"时，才可准予引渡。然而，意大利宪法法院 1996 年第 223 号判决认为：由司法部来裁量请求国关于不适用死刑的保证是否充分，这种做法可能使得相关的审查标准不够确定并且受到政治或外交因素的影响，由于不适用死刑问题是涉及宪法原则的重大法律问题，在此问题上"我国的每个法官理所当

---

〔1〕 See Giorgio Latanzi e Ernesto Lupo, *Codice di procedura penale rassegna di di-urisprudenza e di dottrina*, Volume X, (NUOVA EDZIONE), Milano, Dott. A. Giuffre' Editore, 2012, p. 73.

〔2〕 See Vincenzo Delicato, *Estradizione e pena capitale nel nuovo codice di procedura penale*, in *Riv. dir. int. priv. proc.*, 1990, pp. 326-328.

然地享有首要的审查权"，〔1〕这种司法审查权甚至可以被理解为一种专属权利。基于这样的认识，意大利《刑事诉讼法典》新第 698 条第 2 款在不适用死刑问题的审查主体中删除了"司法部长"，将此项审查权以排他的方式仅仅保留给意大利"司法机关"。

虽然意大利《刑事诉讼法典》新第 698 条第 2 款取消了意大利政府行政机关在涉死刑案件引渡问题上的审查权，但意大利司法机关在实践中仍然会就请求国的人权保护状况、相关法制情况、国际诚信度等问题向政府主管部门了解情况和征询意见，只不过这类意见仅仅具有参考意义，不具有法律上的影响力。在审理许某引渡案时，米兰上诉法院曾于 2018 年 10 月 10 日就中国的刑事司法制度、人权保护状况等问题，通过意大利司法部向意大利驻华使馆征询意见，意大利使馆的回复相当谨慎和中性，还算比较客观。在谈到中国主管机关承诺的可信性问题时，意大利驻华使馆的回函写道："就本使馆所知，迄今为止，在先前被从我国引渡的中国公民待遇问题上，未发现中方存在违反双边协议的情况。"〔2〕然而，这一意见似乎对米兰上诉法院的考量及判决并未产生积极的影响。

从另一个角度看，由法院全权审理引渡中的涉死刑问题也使得被请求引渡人有可能获得更直接、更便利并且更有影响力的抗辩机会，被请求引渡人甚至会利用这样的机会误导对引渡请求国法制和社会情况缺乏实际了解的外国法官。仍以许某引

---

〔1〕 参见意大利宪法法院 1996 年 6 月 27 日第 223 号判决书第 3.1 段。

〔2〕 参见意大利司法部 2018 年 10 月 23 日致米兰上诉法院函件（Rif. n.〔EP-198 18 AR-SN〕）。

渡案为例，据意大利《邮报》报道，在引渡案审理期间，许某曾经向米兰上诉法院提交了一份证据，称他的一位朋友在中国办案单位看到一份"内部文件"，该文件写道："许某回到中国后将被判处死刑，现在向意大利承诺不适用死刑只是为了欺骗意大利法官，以便实现引渡"〔1〕。了解中国法制的人一眼就能看出这份"证据"是捏造的，但对于不谙中国法制的外国法官来说，它则可能具有一定的影响力或蒙蔽性。从这个意义上讲，将意大利政府主管机关排除在涉死刑案件引渡问题审查活动之外，可能产生对引渡请求国不利的效果，尤其是在请求国不能派代表直接参与法院对引渡案的司法审查程序情况下，甚至可能导致请求国在被请求引渡人及其律师的狡辩和谎言面前有口难辩。

## 四、成功引渡黄海勇带来的启示

在引渡合作中不接受我国主管机关作出的、对被引渡人不适用死刑的承诺，这种情况不仅发生在意大利，也在其他一些国家出现过，其中比较典型的两个案例是杨沃亮引渡案和黄海勇引渡案，这两个案件所涉及的死刑承诺问题被分别提交到葡萄牙宪法法院和秘鲁宪法法院审理。在杨沃亮引渡案中，葡萄牙宪法法院认为中国主管机关所作的不适用死刑承诺属于一种

---

〔1〕　意大利《邮报》（*Corriere*）：《米兰法庭拒绝向中国引渡一教授》（*Il tribunale di milano nega l'estradizione di un prof in cina*），载 https://milano. corriere. it/ 19_ febbraio_ 22/tribunale-milano-nega-l-estradizione-un-prof-cina-e888a2fa-367f-11e9-a77e-854ef271b7f8. shtml.

政治和外交性质的承诺，对于国内法院没有约束力。[1]在黄海勇引渡案中，秘鲁宪法法院认为中国提供的外交担保不足以保证不对黄海勇执行死刑。[2]但是，这两个案件的最终结果却截然相反，黄海勇引渡案竟然在秘鲁宪法法院予以否决后绝处逢生：经过坚持不懈的工作，中国和秘鲁的主管机关最终奇迹般地说服了各方面的审查机构，于2016年7月17日成功实现了对黄海勇的引渡。

对黄海勇的成功引渡是各方法律博弈的结果，是各种因素此消彼长或者相互叠加后促成的局势转折，除了中国和秘鲁主管机关坚定的引渡合作意志和百折不挠的工作精神外，从法律的角度看，在各方博弈及相关法律程序中表现出的以下四方面事实和做法值得认真加以注意和思考：

（一）过于简单或程式化的量刑承诺难以得到足够的重视和信任

中国引渡请求指控黄海勇涉嫌的主要罪行是走私普通货物罪，根据当时中国《刑法》的有关规定，在"情节特别严重"的情况下对犯罪人可判处死刑，同时，秘鲁《刑事诉讼法典》第517条规定"如果被请求引渡人在引渡后可能被判处死刑并且请求国未提供不对其判处死刑的保证，则应当拒绝引渡请求"，因此，围绕死刑和其他人权保障问题，中方在五年多的时间中出具了8份外交照会。分析起来，在这8份照会中，第

---

〔1〕 郑丹阳：《杨沃亮案：遭遇死刑不引渡的刚性解释》，载黄风主编：《中国境外追逃追赃经验与反思》，中国政法大学出版社2016年版，第126页。

〔2〕 赵秉志、张磊：《黄海勇案引渡程序研究（上）——以美洲人权法院黄海勇诉秘鲁案判决书为主要依据》，载《法学杂志》2018年第1期。

1 份和第 2 份照会不属于严格意义上的量刑承诺，它们只是向秘鲁方面说明：黄海勇所涉嫌的犯罪，就其严重程度而言，"不可能适用无期徒刑或死刑"。由于在死刑不引渡问题上被请求国关注的是适用死刑的"抽象"可能性，而不是以情节分析为根据的具体可能性，因而，就连在司法审查中代表中方支持引渡请求的秘鲁最高检察院也不赞成基于此种说明而提出同意引渡的意见。[1]中方的第 3 份、第 4 份和第 5 份照会开始使用了承诺的措辞，向秘鲁方面保证：即使黄海勇的罪行依法应当判处死刑，中方在引渡后的审判中也不会对其判处死刑，包括不会判处死刑缓期两年执行。但是，上述照会的内容仍然比较简单，没有援引中国《引渡法》第 50 条的规定，尤其是没有提及该条第 2 款关于"在对被引渡人追究刑事责任时，司法机关应当受所作出的承诺的约束"的规定。这种程式化表述不足以澄清并消解外国舆论及某些外国法官在死刑问题上对中国持有的各种疑虑，因而秘鲁宪法法院在黄海勇案的审理中没有接受中方的不适用死刑承诺，在 2011 年 5 月 24 日的判决中认定这些承诺均不足以确保对黄海勇不适用死刑。关于《刑法修正案（八）》废止走私普通货物罪死刑的第 6 份照会同样是过于简单，只是向秘鲁方面通报了有关法律的修订情况，并告知新修订的法律也适用于黄海勇案，同时仅仅以附件形式提供了相关的法律文本，好像在说：具体的规定你们自己去看吧。直到 2011 年 12 月 22 日的第 7 份照会，中方才出具了最高人民法院关于《刑法修正案（八）》对于黄海勇案的

---

〔1〕 罗翊乔：《跌宕起伏的黄海勇引渡案》，载《民主与法制》2017 年第 28 期。

法律效力的权威性解释，具体说明了对走私普通货物罪废止死刑后黄海勇案的法律适用问题。

（二）《刑法修正案（八）》对走私罪死刑的废止起到关键作用

秘鲁宪法法院 2011 年 5 月 24 日作出排除中方不适用死刑承诺并不允许引渡黄海勇的判决，其效力绝对高于秘鲁最高法院 2010 年 1 月 27 日关于认可中方不适用死刑承诺并且有条件地同意引渡黄海勇的咨询判决，从而在不适用死刑承诺的可接受性问题上已经"盖棺定论"，本来中方已经回天无力，而就在这时，中国全国人民代表大会常务委员会通过了《刑法修正案（八）》，针对包括走私普通货物罪在内的 13 种经济犯罪废除了死刑，随后，中国最高人民法院向秘鲁主管机关出具了一份详细的、具有权威性的说明，依据中国现行法律对《刑法修正案（八）》在黄海勇案中的适用问题作出明确解释。中国立法机关的这一行动使得黄海勇及其律师丧失了对抗中秘引渡合作的最为得手的撒手锏，也实际架空了秘鲁宪法法院 2011 年 5 月 24 日的判决，使黄海勇引渡案的后续处理不再受该判决的钳制。2014 年美洲人权法院审理"黄海勇诉秘鲁"一案时，在涉死刑问题上，《刑法修正案（八）》对走私普通货物罪死刑的废除及其对黄海勇案的溯及力问题，成为审判活动关注的重点，正是基于对这一问题的认真审查，美洲人权法院在其判决书中反复指出："本法院认为，有证据表明基于有利于被告人的溯及既往原则以及对走私普通货物罪死刑的废止，如果黄海勇受到引渡并随后在中国被定罪量刑，死刑已不可能对黄海勇适用。""黄海勇被引渡到中国后在法律上不存在任何对其适用死刑的实际风险。""推测的适用死刑的风险已经被中国的《刑法修正案（八）》所排除。"[1]如同赖昌星案一样，在引渡和遣返涉嫌走私普通货物罪之被告人问题上，《刑法修正案（八）》一劳永逸地排除了在一些国家可能遇到的最大的法律困难或障碍。

（三）专家证人就相关法律及实践的专业性阐释具有较高说服力

黄海勇引渡案一开始的进展相当顺利，秘鲁主管机关于2008年11月14日收到中国提出引渡请求书及相关材料，两个月后，即2009年1月20日秘鲁最高法院就作出了同意引渡的咨询判决。之后，黄海勇及其律师就当时中国《刑法》第151条第4款的规定大做文章，在死刑问题上发难，导致形势急转直下。在最初的应对中，中方和秘鲁政府主要采用提交外交照会等书面材料的方式对有关问题加以澄清并作出保证，但这种传统做法有时候难以有效地扭转被动局面，甚至会因在文书转递过程中出现的一些纰漏或程序瑕疵而误事，例如，秘鲁最高法院2009年12月对黄海勇引渡案重新进行庭审时，在有关卷宗材料中并没有发现中方已经提交的关于不适用死刑承诺的材料；秘鲁宪法法院2011年5月在审理该案时也抱怨：中国《刑法修正案（八）》的有关材料"并没有通过秘鲁的正式外交程序递交"。[2]很快，中国和秘鲁主管机关加强了在相

---

〔1〕　参见美洲人权法院"黄海勇诉秘鲁案"（Case of Wong Ho Wing v. Peru）2015年6月30日判决书，第151段和第186段。

〔2〕　赵秉志、张磊：《黄海勇案引渡程序研究（上）——以美洲人权法院黄海勇诉秘鲁案判决书为主要依据》，载《法学杂志》2018年第1期。

关法律程序中的举证工作，特别是在 2014 年 9 月美洲人权法院审理黄海勇诉秘鲁一案时，秘鲁政府高度重视，组成由司法部超国家检察官路易斯·韦尔塔先生率领的代表团，并邀请中方派出专家证人出庭协助应诉。[1]中国专家证人关于《刑法修正案（八）》对走私普通货物罪废除死刑的规定以及该规定对黄海勇案的适用效力问题的证言、关于中国《引渡法》第 50 条量刑承诺法定拘束力问题的证言以及关于中国禁止酷刑及刑事司法人权保障情况的证言，在美洲人权法院的判决书中被多次援引。此外，德国马普研究所（Max-Planck-Institut）等持中立立场机构的法律专家以"法庭之友"名义向美洲人权法院提供的法律意见也增强了中方专家证人证言的可信性。

（四）确保对被请求引渡人的羁押或控制是法律博弈的必要条件

对被请求引渡人采取引渡羁押、监视居住等限制人身自由措施，防止其逃匿或者重新逃匿，是确保引渡诉讼持续进展的必要条件。黄海勇外逃后曾藏匿于美国并往返于秘鲁和美国之间，在围绕死刑问题长达 8 年的法律战中，一旦黄海勇摆脱引渡羁押等人身监控措施逃往美国或其他与中国尚未建立引渡合作关系的国家，则秘鲁的引渡诉讼将前功尽弃，相关的追逃工作将陷入新的困境。想方设法解除引渡羁押措施是黄海勇及其律师不惜花费重金竭力推进的法律策略，为此，自 2009 年 1 月 26 日至 2013 年 3 月 24 日他们曾六次向秘鲁司法机关申请"人身保护令"，而秘鲁主管机关也千方百计地维持对黄海勇

---

[1] 中央纪委国家监委宣传部、中央广播电视总台编著：《红色通缉》，中国方正出版社 2019 年版，第 78 页。

的引渡羁押措施和其他人身限制措施，特别是在秘鲁宪法法院以存在死刑风险为由作出不允许引渡的判决之后，秘鲁主管机关仍不言放弃，继续考虑以不涉及死刑的行贿罪为理由与中方开展引渡合作，并为此寻求秘鲁司法机关在引渡羁押问题上的配合。直到被最终引渡回国，黄海勇在引渡诉讼后期一直被羁押在保安程度较高、"四周都是土山和沙漠"的安孔监狱。[1]秘鲁政府甚至因对黄海勇的超期羁押而付出了代价，被美洲人权法院判令秘鲁政府赔偿黄海勇及其律师 5.8 万美元。[2]即使这样，时任秘鲁司法部长的丹尼尔·费加罗先生同样无怨无悔地表示接受美洲人权法院的判决，认为"反腐败和保护人权并不矛盾。即使腐败分子动用大量资源，试图逃避公正的审判，也不会成功"[3]。

## 五、走出相关法律困境的几点建议

近几年来，包括意大利在内的欧盟各国已成为我国腐败犯罪、经济犯罪案件嫌疑人、被告人的主要外逃目的地，随着《中国和意大利引渡条约》的生效，中意间引渡合作关系不断密切。由于双边引渡条约允许两国执法机关根据国际刑警组织红色通缉令采取引渡羁押措施，不少躲藏在意大利或者临时过境意大利的中国逃犯受到意大利警方的临时拘捕，意大利和西

---

〔1〕　中央纪委国家监委宣传部、中央广播电视总台编著：《红色通缉》，中国方正出版社 2019 年版，第 77 页。

〔2〕　参见美洲人权法院"黄海勇诉秘鲁案"（Case of Wong Ho Wing v. Peru）2015 年 6 月 30 日判决书，第 317 段和第 322 段。

〔3〕　中央纪委国家监委宣传部、中央广播电视总台编著：《红色通缉》，中国方正出版社 2019 年版，第 80 页。

班牙开始成为向中国提供引渡合作较多的欧盟成员国。但是，死刑问题严重困扰着中意引渡合作，导致一些针对严重犯罪案件尤其是严重腐败犯罪案件的引渡合作最终流产。同时还应注意到，意大利司法机关在处理涉死刑引渡案件方面采用的标准和做法对于欧盟其他成员国也具有一定的示范效应，在死刑不引渡问题上，欧盟各成员国越来越趋向于采取相同或者相似的政策和规则，因此，面对当前在意大利遇到的困境，我们应当寻求和制定有效的应对策略和措施。为此，笔者提出以下四点建议：

（一）根据不同国家法律的特殊要求调整我国对被引渡人不适用死刑的保证方式

对于涉死刑引渡案件，意大利《刑事诉讼法典》新第698条第2款要求请求国提供"科处了死刑以外的其他刑罚"的"不可撤销的决定"，为满足这一要求，有观点认为可以通过刑事缺席审判的方式作出科处死刑以外其他刑罚的判决以解决问题，笔者认为此观点不具有实际可操作性。且不说我国《刑事诉讼法》第291条为缺席审判规定的"犯罪事实已经查清，证据确实、充分"等条件，仅从诉讼期限的角度看，此方案也难以实施。根据《中国和意大利引渡条约》的规定，为引渡目的临时羁押的期限是30天，特殊情况下可延长15天；根据意大利《刑事诉讼法典》第703条的规定，[1]意大利司法部审查外国引渡请求的期限是30天，意大利检察机构向上诉法院提出引渡意见书的期限是30天，随后就是法庭审

--------

〔1〕 意大利《刑事诉讼法典》第703条规定的期限是经2017年第149号法令修改的，新规定缩短了为审理外国引渡请求设定的期限。

理程序，要想在上述共计 105 天的时间内完成刑事缺席审判并取得"不可撤销的"量刑裁决，这基本上是不可能的。即使取得了缺席审判的判决，被请求国司法机关也可能援引关于权利保障的其他法律条款不予承认。

从我国现行法律来看，在不适用死刑问题上向被请求国提供"不可撤销的决定"是不存在重大障碍的，因为《引渡法》第 50 条第 1 款明确规定"对于量刑的承诺，由最高人民法院决定"，这种由最高审判机关作出的决定是不可上诉的，无疑属于"不可撤销的决定"。问题在于，我们需要根据被请求国法律的不同要求改变目前千篇一律的"承诺"方式，在有些情况下，需要特别突出量刑承诺的"决定"性质，例如，在向意大利提出引渡请求的情况下，建议最高人民法院在出具不适用死刑保证时考虑使用司法裁决的表述方式，强调对被引渡人不适用死刑决定的终局效力和约束力，从而满足意大利法制关于"肯定性"和"绝对性"的要求。在向意大利主管机关转递最高人民法院相关决定的外交照会中，我国外交部门也应当避免使用"承诺"或"保证"等该国主管机关忌讳的字眼，重申我国《引渡法》第 50 条的规定，以突出最高人民法院对被引渡人不适用死刑决定的权威性和法定约束力。

（二）通过缔结引渡条约或相关补充协议为涉死刑案件的引渡合作商定规则

为寻求双方均可接受的引渡合作规则并润滑一方国内法较为严苛的规则，缔结双边引渡条约或者补充协议也不失为一个办法。我们注意到，在 1996 年意大利宪法法院宣告意大利《刑事诉讼法典》第 698 条第 2 款和批准 1983 年《意大利和美

国引渡条约》的第 225 号法律违宪之后，意大利和美国参照
2003 年 6 月 25 日《欧盟和美国引渡协定》的模式，于 2006
年 5 月 3 日缔结了新的双边引渡条约，在涉死刑案件引渡问题
上，新条约第 9 条采用的表述并不那么严厉，即"当引渡请求
所针对的犯罪根据请求方的法律可判处死刑，但根据被请求方
的法律不可判处死刑时，被请求方可以有条件地允许引渡，该
条件是：不对被请求引渡人科处死刑，或者，在由于程序原因
请求方不能遵守此条件情况下，已经科处的死刑不予执行。如
果请求方按照本条规定的条件接受被引渡人，则必须遵守此条
件。如果请求方不接受这样的条件，引渡请求可予以拒
绝"〔1〕。除了没有使用"承诺"或"保证"字眼并且在语法上
没有使用条件式或将来时之外，这一条款的表述，相对于意大利
《刑事诉讼法典》新第 698 条第 2 款，要现实得多且柔和得多。

　　笔者建议，我国主管机关择机与意大利商谈缔结双边引渡
条约"补充协议"的可能性，通过这样的补充协议解决涉死
刑案件的引渡问题。《中国和意大利引渡条约》的补充协议可
以参考 2003 年《欧盟与美国引渡协定》第 13 条以及 2006 年
《意大利和美国引渡条约》第 9 条的表述，明确约定涉死刑案
件引渡的条件以及请求国对被引渡人不适用死刑决定的约束
力。此外，在缔结引渡条约问题上，我们应当转变这样一种观
念和做法：把避免直接提及死刑问题作为条约谈判的"上
策"，把"打掉"涉死刑条款当作谈判中的"胜利"，我们应
当正视而不是回避涉死刑案件引渡问题，努力通过"死刑不

---

　　〔1〕　该条款的表述同 2003 年《欧盟和美国引渡协定》第 13 条"死刑"的表述
完全一致，并于《欧盟和美国引渡协定》生效之日同时生效。

引渡"的但书条款为针对严重犯罪的引渡合作设定切实可行的条件和规则。

（三）根据被请求国法律聘请当地律师代表中方参加引渡案件法庭审理

意大利法律将涉死刑案件引渡问题纳入法院的专属审查范围，这反映出一些国家越来越担心政治或外交因素会潜移默化地影响死刑不引渡原则的适用，同时也告诉我们：在涉死刑引渡案件中，不能满足于同被请求国外交和政府法务部门的交涉和协调，我国办案单位需要考虑直接参与到相关的司法审查程序当中，根据被请求国的法律聘请具有一定专业水准和影响力的当地律师作为诉讼代理人，直接针对被请求国法院的关注点以及被请求引渡人及其律师的抗辩提供法律意见和证据材料。近几年来，一些经济犯罪、腐败犯罪案件的外逃人员凭借其非法所得的经济实力，重金聘请外国律师对抗引渡和遣返，我国主管机关也需要加大境外引渡诉讼的资源投入，更加注重做被请求国主管法官和检察官的工作，更加善于借助法律手段和诉讼程序支持追逃请求、介绍中国法制、澄清模糊认识、反驳不实之词。

在引渡诉讼中聘请律师作为我国的诉讼代理人，这种做法在实践中可能遇到一个法律问题：根据一些国家的法律规定，请求国聘请律师作为引渡诉讼的代理人应当遵循互惠原则，也就是说，请求国在本国审理的引渡案件中也应当允许有关外国聘请律师作为诉讼代理人。[1]我国现行《引渡法》没有规定

---

〔1〕　例如，意大利《刑事诉讼法典》第702条规定："以互惠为条件，请求国有权参加上诉法院和最高法院的诉讼程序，聘请一名有资格向意大利司法机关提供辩护意见的律师作为其代表。"

请求国可以聘请律师参加我国法院审理引渡请求的诉讼程序，这可能引起在互惠条件问题上的质疑。[1]为解决这一问题，笔者建议在修订《引渡法》时引入相关制度允许引渡请求国聘请诉讼代理人参与高级人民法院关于引渡案件的司法审查程序和最高人民法院的司法复核程序，该代理人既可以是我国的刑事检控机关，也可以是我国的适格律师。这样的立法修订也将大大密切我国主管机关同外国刑事检控机关在追逃追赃领域的相互司法合作。在《引渡法》修改前，我国可以考虑在与意大利商谈双边引渡条约补充协议时增加关于允许意大利主管机关聘请中国主管机关或者中国律师参加引渡诉讼的规定。作为权宜之计，我国最高人民法院和最高人民检察院也可以考虑通过个案批复或者司法解释的形式作出相关的"互惠"安排。

（四）尽早废止对贪污贿赂罪的死刑以彻底排除反腐败追逃合作的最大法律障碍

死刑的存在已成为腐败犯罪案件外逃人员对抗引渡或遣返、博取逃匿地社会同情和官方保护的最简单、最容易奏效的说辞，成为我国开展反腐败引渡合作的最大法律障碍。如果引渡请求所针对的是侵犯人身权利的暴力型犯罪，在由于死刑问题而拒绝引渡的情况下，被请求国通常会依照"或者引渡或者起诉"原则，将案件提交本国主管机关进行审理，意大利宪法法院1996年第223号判决也认可了此种做法。[2]然而，

---

〔1〕 意大利最高法院曾于2017年2月3日以"不符合互惠条件"为理由，认定由毛里求斯政府聘请的引渡诉讼代理人不适格，并驳回了由该诉讼代理人提出的上诉请求。

〔2〕 参见意大利宪法法院1996年6月27日第223号判决书第6段。

如果引渡请求所针对的是贪污贿赂等职务犯罪或经济犯罪，被请求国在拒绝引渡后一般不会考虑适用"或者引渡或者起诉"原则，被请求引渡人将立即获得完全的自由，逍遥法外，甚至得到某种保护。

《中共中央关于全面深化改革若干重大问题的决定》提出"逐步减少适用死刑罪名"，这一重大决策同样有助于我国与外国开展的刑事司法合作尤其是针对腐败犯罪案件外逃人员的引渡合作。在预防和惩治腐败犯罪方面，"最强有力的约束力量不是刑罚的严酷性，而是刑罚的必定性，这种必定性要求司法官员谨守职责，法官铁面无私、严肃认真，而这一切只有在宽和法制的条件下才能成为有益的美德。"[1]在国际追逃追赃合作中，本来令国际社会深恶痛绝的腐败犯罪，却常常因科处死刑的可能性而在外国舆论和民众心理中引起一种对逃犯"愤愤不平的怜悯感"，导致引渡或遣返合作进程的夭折，并且使得我们本来可以占据的道义"制高点"无法占据或者保住。我国的刑事司法改革应当尽快扭转这一局面，尽早考虑废止对贪污贿赂罪的死刑，这样做只会进一步增强打击腐败犯罪尤其是严重腐败犯罪司法手段的有效性以及国际合作的成功率，真正使外逃的腐败分子面临有罪必罚的法律后果。

---

〔1〕〔意〕切萨雷·贝卡里亚：《论犯罪与刑罚》，黄风译，商务印书馆2017年版，第61页。

## 意大利最高法院第六刑事审判庭

2019 年 6 月 11 日—9 月 26 日第 39443 号判决书

### 事实概述

1. 米兰上诉法院于 2019 年 2 月 18 日作出判决，宣告不具备条件接受中华人民共和国政府针对中国公民 X. C. 提出的引渡请求，该请求指控 X. C. 涉嫌犯有现行中国《刑法》第 382 条规定的罪行。米兰上诉法院作出上述判决的理由是：对于被请求引渡人涉嫌所犯之罪行，在特别严重的情况下，中国《刑法》第 383 条规定了判处死刑的抽象可能性。

由于 2010 年 10 月 7 日缔结并根据 2015 年 9 月 24 日第 161 号法律在我国获得执行效力的《意大利和中国引渡条约》不包含关于可判处死刑罪状处理问题的特别条款，米兰上诉法院有关审判庭认为应当适用意大利《刑事诉讼法典》第 698 条第 2 款的有关规定，根据该规定，只有在通过"不可撤销的决定"科处了死刑以外的其他刑罚的情况下，才能允许引渡。因此，由于不存在这样的最终裁决，并且审判机关不被允许享有这方面的裁量权，米兰上诉法院认为应当拒绝相关的引渡请求。

2. 中国某地区监察委员会主任，作为请求国的代表，通过其辩护人和特别代理人，向意大利最高法院提出上诉。

2.1. 上诉人提出的第一个理由是：米兰上诉法院错误地适用了意大利《刑事诉讼法典》第 698 条第 2 款，因为中国司法机关在引渡请求书中已经明确地表示被请求引渡人"将被判处有期徒刑，而不是无期徒刑或者死刑"。

上诉人还指出，《中国和意大利引渡条约》第 1 条规定：双方有义务根据本条约的规定相互开展引渡合作，只有当被请求方"有充分理由相信，被请求引渡人在请求方就引渡请求所针对的犯罪曾经遭受或者可能遭受酷刑或者其他残忍、不人道或者有辱人格的待遇或者处罚"时，才应当拒绝引渡请求（第 3 条第 6 项）。根据经 2001 年第 3 号宪法性法律修订的意大利《宪法》第 117 条第 1 款的规定，国内立法者应当遵守产生于国际条约的义务，因而，上述引渡条约的有关规范应当被理解为是仅次于宪法的法律渊源，因而，它优于一般的法律，并且优于意大利《刑事诉讼法典》的有关规定。

在上诉人看来，由于死刑可以被列入那些绝对不允许的待遇和处罚之列，所参照的相关规范就不应当是意大利《刑事诉讼法典》第 698 条第 2 款的规定，该规定应当退居于《中国和意大利引渡条约》第 3 条第 6 项规定之后，因此，只有在"有充分理由"认为死刑将被科处的情况下，被请求国法官才可以并且应当拒绝相关的引渡请求。然而，在本案中，这种判处死刑的可能性已在中国提出的引渡请求中受到排除。

此外，上诉人还具体地援引引渡请求书和中国法律的相关规定，强调指出：中国主管司法机关针对 X. C. 所提出的具体指控不属于那种根据相关外国立法只能判处死刑的特别严重的情形之一，而且中国主管司法机关所提出的这种指控是不可更改的。

2.2. 以附带请求的方式，上诉方还要求本法院针对《刑事诉讼法典》第 698 条第 2 款的规定提出合宪性审查问题，认为该条款违反了意大利《宪法》第3[1]、11[2]、80[3]、117[4]条的规定，因为它要求意大利法官在没有得到科处死刑以外其他刑罚的不可撤销裁决的情况下拒绝相关的引渡请求，即便没有理由担心被请求引渡人在请求国可能遭受酷刑或其他残忍、不人道或者有辱人格的待遇或处罚。

基于这样的解释，请求方辩护人认为：米兰上诉法院在作出判决时不可以排斥代表着不同标准的国际条约规范的适用或者对该规范作出不同的解释，意大利《刑事诉讼法典》第698条第2款的规定实质上违反了意大利《宪法》第11条和第117条，因为宪法法院曾依据上述条款于2007年10月24日作出第348号和第349号判决，宣告关于批准和执行国际条约的国内法规范具有低于宪法性法律但高于一般性法律的效力。

## 法律分析

1. 上述两个理由在法律上都没有根据。

---

〔1〕 意大利《宪法》第3条："所有公民都有同等的社会尊严且在法律面前一律平等，不分性别、种族、语言、宗教、政治观点和个人及社会地位的差别。共和国有责任消除一切在经济和社会秩序方面限制公民自由和平等，妨碍人类个体的全面发展和有效地参与国家政治、经济和社会组织的一切活动的障碍。"中译文由意大利罗马第三大学费德里科·安东内利（Federico Antonelli）教授和中国政法大学陈汉副教授共同翻译，由意大利参议院档案与出版部的议院信息办公室公布和发行（Senato della Repubblica 2018，CC BY-ND 4.0）。

〔2〕 意大利《宪法》第11条："意大利否认把战争作为侵犯他国人民自由的方式和解决国际争端的工具；意大利同意在与其他国家同等条件下，为了建立保障国际和平和正义的秩序，对主权作必要的限制；促进和赞助有此目的的国际组织。"

〔3〕 意大利《宪法》第80条："对有关具有政治性质的、涉及仲裁或司法规则的、引起领土变更或财政负担的以及导致法律修改的国际条约的批准，由议会以法律形式进行。"

〔4〕 意大利《宪法》第117条第1款："在遵守宪法、欧盟规范和国际义务相关约束的前提下，立法权由国家和各大区分别行使。"

2. 关于第一个理由，它的前提就是错误的，也就是说，它错误地把死刑纳入到《意大利和中国引渡条约》第 3 条第 6 项提到的"其他残忍、不人道或者有辱人格的待遇或者处罚"概念当中。《意大利和中国引渡条约》中所列举的这些情形，从上下文看，首先提到的"酷刑"（tortura）[1]，其他情形是"酷刑（刑讯）"的替代形式，人们应当由此作出这样的推论：与"酷刑（刑讯）"一样，这些情形指的是某一惩罚的执行方式，而这里所说的惩罚不可能是死刑。

请求方律师对《意大利和中国引渡条约》有关条款的不同解读使得引渡在下列情况下成为可能的，甚至是应当的，即当存在不适用死刑的合理可能性时，而不是当对死刑的科处已被肯定地加以排除时，这样的解读将使相关的引渡条约规范与我国法律制度的基本原则发生抵触，违反意大利《宪法》第 27 条第 4 款的规定，使这一规定无法实际运作。

应当提醒的是，宪法法院于 1996 年 6 月 27 日以第 223 号判决宣告意大利《刑事诉讼法典》原第 698 条第 2 款违宪，指出："意大利《宪法》第 27 条第 4 款所包含的禁止性规定以及该规定所蕴含的价值观念，尤其是生命这一根本法益，实际上要求的是一种绝对的保障。"宪法法院还指出："这种宪法保障的绝对性对

---

〔1〕 Tortura 这一术语准确的中文翻译应当是"刑讯"，而不宜笼统地译为"酷刑"，根据联合国《禁止酷刑和其他残忍、不人道或有辱人格的待遇或处罚公约》第 1 条的规定，所谓 tortura "系指为了向某人或第三者取得情报或供状，为了他或第三者所作或被怀疑所作的行为对他加以处罚，或为了恐吓或威胁他或第三者，或为了基于任何一种歧视的任何理由，蓄意使某人在肉体或精神上遭受剧烈疼痛或痛苦的任何行为，而这种疼痛或痛苦又是在公职人员或以官方身份行使职权的其他人所造成或在其唆使、同意或默许下造成的"。该条款还特别指出：就 tortura 这一概念而言，"纯因法律制裁而引起或法律制裁所固有或随附的疼痛或痛苦则不包括在内。"——译者注

于共和国体制中所有公共机关享有的权力及其行使均造成影响，并且也具体影响到据以开展司法互助方面的国际合作的权力。从意大利《宪法》第2条的角度解读，意大利《宪法》第27条第4款设置了重要的评价标准，据以评估关于引渡合作的一般性规范以及执行关于引渡和司法协助国际条约的法律是否符合宪法。"

3. 因此，在缺乏关于某一具体问题的条约规范的情况下，米兰上诉法院正确地认为应当适用《刑事诉讼法典》第696条第2款的规定，也就是说，在这种情况下，应当遵循《刑事诉讼法典》的相关规定。

前面提到的意大利《刑事诉讼法典》第698条第2款是应当遵循的规定之一，根据这一规定，"如果引渡请求所列举的行为根据外国法律被判处死刑，只有当司法机关确认已采用不可撤销的决定科处了死刑以外的其他刑罚，或者在已科处死刑情况下该死刑已经被转换为其他刑罚时，才可准予引渡。"

在宣告不具备引渡的条件时，米兰上诉法院正确地适用了意大利《刑事诉讼法典》的上述规范，也就是说，在外国没有作出不可撤销的司法裁决针对具体案件排除死刑适用的情况下，意大利司法机关不享有任何裁量的余地，对意大利《刑事诉讼法典》相关规范作出修改的2016年7月21日第149号法律明确表达了这一精神。

意大利《刑事诉讼法典》第698条第2款原条文规定：即使外国法律制度规定了死刑，只要司法机关和司法部长认为外国提供了充分的保证不适用死刑，或者在已判处死刑情况下不执行死刑，也可以允许引渡。然而，这一规定受到宪法法院的审查，宪法法院以前面提到的1996年第223号判决认定该规定违反意大利《宪法》第27条第4款，并且违背了对于生命权这一不可或缺的法益给予绝对保障的要求，因而宣告该规定违宪。

4. 因而，不能认为引渡请求中所包含的并且受到上诉人特别强调的下列表述具有任何意义，即 X. C. 被指控的行为不属于在具体情况下可判处死刑的犯罪，虽然对于此类犯罪抽象地规定了死刑；且不能认为中国主管机关根据其相关国内法（中国《引渡法》第 50 条）作出的保证或承诺具有任何意义。

宪法法院宣告上述违宪判决之后形成的判例今天已经被更为严格的意大利《刑事诉讼法典》规范所超越，即使是根据这种已经被超越的判例，意大利司法机关也不可能依据请求国关于不适用死刑的承诺作出同意引渡的判决，这种承诺在任何情况下都不可能达到肯定性的程度（参见意大利最高法院第六刑事审判庭 02/10/2006 第 33980 号判决书，Dvorkiv，Rv. 234877 案；第六刑事审判庭 03/03/2000 第 1117 号判决书，Song Zhicai，Rv. 220533 案）。

就本案而言，不适用死刑的保证也没有达到肯定性的程度。实际上，中华人民共和国大使馆于 2018 年 8 月 20 日在圣马力诺共和国向意大利司法部长提交的外交照会通报了中国最高法院的决定，根据该决定，如果 X. C. 被认定有罪，主管法院将不对其判处死刑，但是，并没有明确排除 X. C. 被指控的犯罪不属于可抽象地判处死刑的犯罪，该照会只是说："如果中国法院判定其有罪，并且所实施的犯罪属于根据法律可判处死刑的罪行，主管法院将不对其判处死刑。"

5. 上诉人以附带方式提出的合宪性审查问题，也明显地缺乏法律根据。实际上，上诉人是企图以此方式将类似于在 1996 年已经受到审查并且被宣告违宪的规范条文重新植入法律当中。

2016 年的新法律填补了因违宪判决而造成的法律空白，将对生命这一基本法益的绝对保障要求转变为法律，这一要求得到宪法法院的确认，并且不容忍国家机关享有任何的裁量余地。

6. 因此，上诉是不可接受的。根据《刑事诉讼法典》第 616 条[1]的规定，这意味着应当判处上诉人承担诉讼费用，并且，由于在确定上诉不可接受的原因时没有发现上诉人不具有过错，还应当判处上诉人向罚款基金会缴纳一笔款额。考虑到上诉人提出的论点明显缺乏意义，该款额应当确定为 2000 欧元。

### 综上所述

本法庭宣告：上诉不可接受，判处上诉人支付相关的诉讼费用，并向罚款基金会支付 2000 欧元。

责成文书室依据意大利《刑事诉讼法典实施细则》第 203 条的规定执行上述判决。

（黄风译）

---

[1] 意大利《刑事诉讼法典》第 616 条规定：在宣布上诉不可接受或者驳回上诉的情况下，提出上诉的当事人被判处支付诉讼费。如果上诉被宣告为不可接受的，提出上诉的当事人还应当向罚款基金会缴纳一笔 258 欧元~2065 欧元的款额。当上诉被驳回时，也可以作同样的处理。——译者注

## 第二章
# 引渡合作与无期徒刑*

死刑已经成为引渡合作中越来越难以逾越的法律障碍，无期徒刑是否会步死刑之后尘成为引渡合作的新障碍呢？从各国相关立法与司法实践以及国际法学说的发展中，我们已初见端倪。在近几年我国开展的"猎狐""天网"等境外追逃行动中，有的外逃人员开始利用某些国家关于无期徒刑适用方面的法律限制对抗我国提出的引渡请求，把引渡后判处无期徒刑的可能性上升到违反被请求国宪法原则的高度大做文章。作为一种现实，我们不应当回避无期徒刑尤其是不可减刑、假释的终身监禁对引渡合作的消极影响，需要认真考察这种影响的原因、形式和强度，寻求和研究能够克服有关法律困难与障碍的方式、措施及技巧。

### 一、无期徒刑的发展趋势及其对引渡合作的影响

分析无期徒刑对引渡合作的影响，首先需要对无期徒刑在当今各国相关立法中的发展趋势加以考察。

---

\* 本章内容曾发表于《法商研究》2017年第2期，原标题是"无期徒刑与引渡合作"，收录本书时作者略有修改。

（一）无期徒刑的发展趋势

目前，无期徒刑有两大发展趋势值得特别关注：

1. 无期徒刑的废止

随着在现代刑罚学中"教育""改造"观念逐渐取代"报应""威慑"观念，曾经被认为"只要有一次犯罪就可以树立很多的并且持续的戒鉴"因而是死刑最佳替代刑罚的无期徒刑[1]越来越受到人们的质疑，无期徒刑的"永久性特点"被认为"会先验地排除被判刑人重返社会的可能性"，因而违背对被判刑人实行教育、改造的刑罚宗旨。[2]自20世纪后半叶开始，一些国家尤其是欧洲大陆法系国家与受其影响较深的拉美国家的刑事立法出现了将无期徒刑排除在刑罚序列之外的趋向。例如，葡萄牙《刑法典》第41条第2款规定："在法律规定的情况下，监禁的最高限度可至25年。"[3]西班牙《刑法典》废除了无期徒刑且第36条将监禁刑的最高期限限定在20年。[4]挪威、塞尔维亚、黑山、克罗地亚、捷克等欧洲国家的刑法典也不再保留无期徒刑。巴西、哥伦比亚、墨西哥等拉美国家也在刑事立法中废止了无期徒刑。其中，巴西《刑法典》第121条为严重的杀人罪规定的最高刑为30年监禁。[5]

---

〔1〕 参见［意］切萨雷·贝卡里亚：《贝卡里亚刑事意见书6篇》，黄风译，北京大学出版社2010年版，第23页。

〔2〕 Giorgio Marinucci, Emilio Dolcini, *Manuale di dritto penale（Parte generale）*, Giuffre Editore, Milano, 2004, p. 375.

〔3〕《葡萄牙刑法典》，陈志军译，中国人民公安大学出版社2010年版，第17页。

〔4〕 参见《西班牙刑法典》，潘灯译，中国政法大学出版社2004年版，第16页。

〔5〕 参见《巴西刑法典》，陈志军译，中国人民公安大学出版社2009年版，第48页。

2. 无期徒刑的强化

另一个趋势恰恰相反，是对无期徒刑的强化。在死刑的适用被大面积废止的情况下，人们试图找到一种其强度介于死刑和无期徒刑之间的刑罚，以作为死刑的替代措施。这种死刑的替代性刑罚既不剥夺被判刑人的生命，又能够比一般的剥夺自由刑产生更大的痛苦和威慑力，并且还能更有力地禁锢某些具有严重社会危险性的犯罪分子。这种刑罚就是更为严厉的终身监禁，其表现为通过取消被判刑人在无期徒刑服刑期间本可享受的法定宽优待遇来进一步强化无期徒刑的严厉性和终身性。因此，在一些国家出现了两种不同的做法：一种是剥夺某些因特定犯罪而被判处无期徒刑者在服刑期间获得各种行刑优待的可能性，[1] 另一种则是更进一步禁止对于因某些严重犯罪而被判处无期徒刑（终身监禁）者适用减刑、假释制度。后一种做法在美国尤为普遍。美国联邦和 37 个可适用死刑的州都规定了不得假释的终身监禁制度（仅新墨西哥州没有规定）以供陪审团在进行死刑量刑时选择；而在 12 个不可适用死刑的州中，有 11 个州规定了不得假释的终身监禁，仅阿拉斯加州没有规定。[2] 不得假释的终身监禁被认为是死刑逐渐废除后的新型替代刑，被判处此刑罚的人员被剥夺所有获得保释的可能性，无论被判刑人在服刑期间表现如何，均不得对其实行减刑或者假释。在有些国家，被判处此种终身监禁者仍可以获

---

〔1〕 例如，1991 年修订的意大利《监狱法》禁止因恐怖犯罪、严重的绑架犯罪而被判处无期徒刑者在服刑期间参加狱外劳动、享受奖励假等行刑优待措施。参见《意大利刑法典》，黄风译，中国政法大学出版社 1998 年版，第 260 页。

〔2〕 参见赵秉志：《死刑改革之路》，中国人民大学出版社 2014 年版，第 865 页。

得某些特殊形式的宽大，通过申请政府或者行政首脑减刑或者赦免的方式来获得释放。例如，在"美国请求引渡爱德华案"（Harkins and Edwards v. The United Kingdom）[1]中，美国司法部曾明确告知英国政府：如果美国法院判处了爱德华不能假释的终身监禁，那么马里兰州的州长有权对其实行减刑或者赦免。

（二）无期徒刑对引渡合作的影响

面对无期徒刑不断被强化的趋势，那些已经废止无期徒刑的国家在引渡合作中开始像对待死刑一样，小心翼翼地审视请求国刑事法律中关于无期徒刑的适用规则，甚至将判处无期徒刑的可能性确定为妨碍引渡合作开展的法定原因之一，逐渐形成了"无期徒刑不引渡"规则。

在欧洲国家中，葡萄牙《引渡法》（第43/91号法）第6条第1款第5项明确将"涉及可判处死刑或无期徒刑的事实"规定为"拒绝提供国际合作的一般情况"之一。[2]已废除无期徒刑的西班牙，在与多米尼加共和国缔结的引渡和刑事司法协助条约中，将无期徒刑与死刑一并规定为拒绝引渡的理由。例如，《西班牙和多米尼加共和国引渡和刑事司法协助条约》第12条规定："如果请求所针对的行为可被判处死刑或无期徒刑，则不应准许引渡，除非被请求国首先通过外交途径收到请求国的充分保证，它将不会对被请求人判处上述刑罚中的任何

---

〔1〕 转引自欧洲人权法院2012年1月17日关于"哈金斯与爱德华诉英国政府案"的判决书。参见 Cases of Harkins and Edwards v. The United Kingdom, Application nos. 9146/07 and 32650/07.

〔2〕 参见外交部条约法律司编：《引渡法资料选编》，世界知识出版社1998年版，第199页。

一种，或若已判处这类刑罚，则将以低于无期徒刑的最高刑罚方式予以执行。"[1]

在美洲国家中，《美国和委内瑞拉引渡条约》第4条明确规定，如果嫌疑人被引渡到美国后将面临终身监禁，那么禁止将其引渡到美国，除非美国作出不判处终身监禁的保证。墨西哥最高法院于2001年10月2日确立了指导规则，禁止将犯罪嫌疑人引渡到可能判处终身监禁的国家。[2]更具有普遍意义的是《美洲国家间引渡公约》对无期徒刑的排斥态度。这一多边引渡条约第9条规定："当所涉犯罪在请求国可能受死刑、无期徒刑或有辱人格的惩罚时，被请求国应拒绝引渡，除非通过外交途径得到请求国充分保证，不对被请求引渡人处以上述刑罚，或即使这样判处，亦不予执行。"[3]

在目前我国与外国缔结的五十余项双边引渡条约中，尚未出现将判处无期徒刑的可能性列为拒绝理由的条款，但是，《中华人民共和国和西班牙王国引渡条约》第7条第3款特别提到无期徒刑问题，该条款规定："如果引渡请求所针对的犯罪可能被判处无期徒刑，请求方应当向被请求方提供法律中有关减刑的规定。"近几年来，也发生了被请求引渡人以引渡后可能被判处无期徒刑为由反对我国引渡请求的情况。例如，2013年，中国公民XXX因涉嫌诈骗罪在逃往西班牙后成为我国主管机关引渡请求的对象，在西班牙法院对该引渡请求进行

〔1〕 外交部条约法律司编：《引渡法资料选编》，世界知识出版社1998年版，第456页。

〔2〕 See Vanessa Maaskamp, "Extradition and Life Imprisonment", *Loyola of Los Angeles International and Comparative Law Review*, 2002–2003, Vol. 25, p. 741.

〔3〕 外交部条约法律司编：《引渡法资料选编》，世界知识出版社1998年版，第602~603页。

司法审查的过程中，该被请求引渡人提出反对理由称：一旦受到引渡，根据中国法律自己可能被判处无期徒刑，并援引西班牙法律及相关判例提出抗辩，要求西班牙法院拒绝中国的引渡请求（以下简称"XXX案"）。[1]

## 二、无期徒刑妨碍引渡的关键因素

为什么一些国家在引渡问题上对无期徒刑也表现得深恶痛绝？墨西哥最高法院 2001 年 10 月关于不得引渡在请求国可能被判处无期徒刑的犯罪嫌疑人的指导规则道出了两条具有代表性的理由。该规则援引墨西哥《宪法》的两项条款作为其基本依据：一是墨西哥《宪法》第 18 条第 2 款关于刑罚制度应当"以劳动、培养劳动能力和教育犯人重新适应社会的方法为基础"的规定，认为无期徒刑妨碍被判刑人重返社会，且其不确定的刑期不符合比例原则；二是墨西哥《宪法》第 22 条关于"禁止伤残肢体和侮辱人格、烙印、鞭打、棍击、任何一种拷打、超额罚款、没收财产以及任何其他非常的和超出范围的刑罚"的规定，认为无期徒刑属于"残酷的和不人道的"刑罚。[2]尤应注意的是，人们在引渡中对无期徒刑的厌恶同对"酷刑"的理解存在着内在的和紧密的联系。

对于酷刑，《公民权利和政治权利国际公约》第 7 条规

---

〔1〕 Audiencia nacionalsala de lo penal, No de Resolución：24/2014. 西班牙法院判决书中，被请求引渡人的名字是"Julieta"，未注明该人的中国名字。由于近几年我国向西班牙请求引渡的中国籍逃犯有数人，其中至少两人已经被从西班牙引渡回国，但我国主管机关和国内媒体均未公布被引渡人的名字，故对于本案的被请求引渡人，本书以"XXX"代称。

〔2〕 See Vanessa Maaskamp, "Extradition and Life Imprisonment", *Loyola of Los Angeles International and Comparative Law Review*, 2002-2003, Vol. 25, pp. 749-750.

定："任何人均不得加以酷刑或施以残忍的、不人道的或侮辱性的待遇或刑罚。"《欧洲人权公约》第 3 条规定："不得对任何人施以酷刑或者使其受到非人道的或者侮辱的待遇或者是惩罚。"[1]在一些国家的法官和一些国际审判机构的法官看来，这里所说的"残忍的、不人道的"酷刑包括除执行死刑以外的、对被判刑人身体和精神造成长期折磨和痛苦的刑罚或待遇，如终身监禁在暗无天日的牢房等待死亡的刑罚或待遇。这一理解在欧洲人权法院审理的"索埃林诉英国案"（Soering v. the United Kingdom）[2]中得到典型体现并产生重要影响。

　　杰斯·索埃林被指控在美国弗吉尼亚州犯有谋杀罪，1986年美国根据双边引渡条约向英国提出引渡索埃林的请求，英国主管机关经审查决定接受美国的引渡请求。随后，索埃林向欧洲人权法院提出申请，以违反《欧洲人权公约》第 3 条为由请求撤销英国主管机关作出的引渡决定。在审理此案时，欧洲人权法院认为，虽然美国已经向英国作出保证不会对被请求引渡人执行死刑，并且《欧洲人权公约》第 3 条的规定并不意味着对死刑的一般性禁止，同时美国司法机关并非肆意专断的机构，"然而，在法院看来，考虑到在死囚牢房的极端环境中漫长的等待时间，经历这一过程所造成的心理痛苦与日俱增，加上申请人自身情况，尤其是他犯罪时的年龄和精神状态，申请人被引渡回美国后将会使他面临遭受超出《欧洲人权宣言》

---

　　〔1〕 转引自董云虎、刘武萍编著：《世界人权约法总览》，四川人民出版社1990 年版，第 1010 页。

　　〔2〕 参见［奥］伊丽莎白·史泰纳、陆海娜主编：《欧洲人权法院经典判例节选与分析》（第 1 卷·生命权），知识产权出版社 2016 年版，第 98~118 页。该书称本案为"杰斯·苏云诉英国案"。

第 3 条设置限度的待遇风险。"据此,欧洲人权法院依据《欧洲人权公约》第 3 条的规定作出判决,要求英国政府撤销对索埃林的引渡决定,以"避免被引渡人遭受极度紧张的压力和漫长的等待期"。

"索埃林案"判决虽然直接针对的是因死刑缓期执行而造成的"待死状态",但它却体现了人们对于那种毫无获释希望的监禁刑罚或待遇的厌恶和反对,这种刑罚或待遇使活着的受刑人在绝望和孤独中度过余生,完全看不到改过自新、重返社会的可能性,令人生不如死,被认为违反刑罚的教育、改造宗旨,是不人道的和残忍的。不能保释的终身监禁就是此种刑罚或待遇的典型体现。欧洲预防酷刑委员会在一份报告中指出:"任何类型的囚犯都被打上'烙印',在监狱中度过他的余生;对于任何释放请求的驳回都不应该是一种终结性的决定;即使对于重新收监的罪犯也不应该剥夺其获释的希望。"[1]外国有学者认为,不得减刑、假释的终身监禁是另一种死刑,它可以被称为"监狱的死刑"。[2]在"惠灵顿诉英国国务大臣案"[R. (Wellington) v. Secretary State for the Home Department][3]中,英国法院的法官认为不得假释的终身监禁违反了《欧洲人权公约》第 3 条的规定。其理由是:"如果对囚犯的监禁是毫无获释希望的,则在很多方面类似于判处死刑。他根本不能为其

---

〔1〕 Cases of Harkins and Edwards v. The United Kingdom, Application nos. 9146/07 and 32650/07.

〔2〕 See Johnson R. Mcgunigall–Smith S. , "Life without Parole, America's Other Death Penalty: Notes on Life under Sentence of Death by Incarceration", *Prison Journal*, 2008, Vol. 88, No. 2.

〔3〕 See R. (Wellington) v. Secretary State for the Home Department, [2008] UKHL 72.

罪行实行赎补。但他可以在监禁中找到时间改造自己的生活，这种刑罚只是随着他咽下最后一口气而告终。同死刑判决一样，这种以整个生命作代价的做法是在搞同态复仇……在这种情况下，生命所固有的价值被削减到只剩下生存，罪犯被监禁在不错的环境中维持自己的生命。这是对生命价值的敷衍，使生命失去了它原本的意义。"[1]

因此，人们开始将无期徒刑与不得减刑、假释的终身监禁区别开来。对于后者，一些国家的司法机构将其视为"准死刑"或者"酷刑"，并且把判处不得减刑、假释的终身监禁之可能性确定为妨碍引渡合作的障碍。当引渡请求所针对的行为根据请求方的法律可能被判处无期徒刑时，一些国家的法官不是笼而统之地拒绝引渡，而是根据对请求方相关法律信息的分析来甄别被判处的无期徒刑者是否具有获得减刑、假释或者其他宽赦待遇的可能性。如果被请求方法院认定请求方可能适用的无期徒刑"是终身不可变通的"，那么将面临引渡请求遭到拒绝的结果。[2]根据欧洲人权法院的裁决，当符合以下两个条件时，终身监禁则有"酷刑"之嫌，可以说是违反《欧洲人权公约》第3条的规定，即①对申诉人的持续监禁在刑罚学上已不再具有合理依据；②这样的处罚，无论是从法律角度还是事实角度看，都没有缩减的可能性。[3]

---

〔1〕　R.（Wellington）v. Secretary State for the Home Department，［2008］UKHL 72.

〔2〕　See Audiencia nacionalsala de lo penal，No de Resolución：24/2014.

〔3〕　See Cases of Harkins and Edwards v. The United Kingdom，Application nos. 9146/07 and 32650/07.

### 三、化解无期徒刑消极影响的有效做法

显然，与"死刑不引渡"规则不同，一些国家奉行的"无期徒刑不引渡"规则具有比较大的伸缩性并且保留着比较宽的回旋余地。面对被请求方关于无期徒刑的顾虑，请求方有两种做法可以选择采用：①如果基于有关犯罪的严重程度存在不顶格判处无期徒刑的可能性，或者有关案件存在某些可据以从轻或减轻处罚的情节，那么请求方可以考虑直接承诺不对被引渡人适用无期徒刑；②向被请求国证明对被引渡人可能判处的无期徒刑是可以变更的，即存在着减刑、假释或者获得其他赦免待遇的可能性。

第二种做法在实践中是比较常见的。实际上，那些已经废除无期徒刑的国家也会借助一些严厉的监禁性刑罚打击某些特别严重的犯罪。例如，墨西哥虽然废除了无期徒刑，但墨西哥《刑法典》所规定的监禁刑最高可达 60 年之久。[1]可见这些国家所反感的不是无期徒刑的长期性，而是它的不确定性和不可变通性。因此，只要请求国能够向有关的被请求国证明或者保证：对于引渡后可能适用的无期徒刑，"已减轻该等刑罚或取消该等处分的永久性"，[2]或者只是简单地向被请求国提供请求国法律中"有关减刑的规定"，[3]相关的法律障碍即可彻底消除。即使可能适用的刑罚是不得减刑、假释的终身监禁，如果请求国能够证明该刑罚可以通过特别赦免程序加以改变，

---

〔1〕 参见《墨西哥联邦刑法典》，陈志军译，中国人民公安大学出版社 2010 年版，第 14 页。

〔2〕 参见葡萄牙《引渡法》（第 43/91 号法）第 6 条第 2 款。

〔3〕 参见《中华人民共和国和西班牙王国引渡条约》第 7 条第 3 款。

那么一般也不会被认为属于有关国际公约所禁止的"酷刑"，并且不会因此阻碍引渡合作的开展。[1]

如何化解无期徒刑对引渡的消极影响，在实践中也经常表现为一场法律博弈。被请求引渡人会利用一切机会证明请求方法律规定的无期徒刑具有"不可改变的永久性"，从而说服某些司法人员将此种无期徒刑认定为"不人道的刑罚或待遇"。面对此种抗辩，请求方不仅应当向被请求方证明对被判处无期徒刑者可以实行减刑，而且需要证明这种减刑可能性是现实存在的并且在一定条件下是可以实现的。然而，这里所说的减刑可能性是指无期徒刑的可变通性，不意味着减刑的肯定性或者说变通的必定性，而仅仅是一种有条件的或然性，"并不是要求已科处的无期徒刑应当毫无例外地得到减刑，而是要求存在着这样一种可能性：无期徒刑的适用不是终身不可变通的。"[2]关于这一点，前述"XXX案"为我们提供了一个典型的例证。

在"XXX案"中，被请求引渡人及其辩护律师针对西班牙主管机关接受中国引渡请求的决定提出上诉，称被请求引渡人在被引渡到中国后可能被判处无期徒刑，而根据中国《刑法》第78条的规定，对无期徒刑的减刑须符合六项条件，即①阻止他人重大犯罪活动的；②检举监狱内外重大犯罪活动，经查证属实的；③有发明创造或者重大技术革新的；④在日常生产、生活中舍己救人的；⑤在抗御自然灾害或者排除重大事

---

〔1〕　根据2003年《英国刑事司法法》第7条的规定，在英格兰和威尔士，法官可以对被认定犯有谋杀罪的被告人作出终身监禁的判决，这样的被告人是不可能获得假释的，但国务大臣可对他实行赦免。在2009年"英国诉比伯案"中，英国法院认为这样的终身监禁判决并不违反《欧洲人权公约》第3条的规定。See R v. Bieber〔2009〕1 WLR 223.

〔2〕　Audiencia nacionalsala de lo penal, No. de Resolución：24/2014.

故中，有突出表现的；⑥对国家和社会有其他重大贡献的。被请求引渡人认为，对于他本人来说，这些条件是不现实的和不可能实现的，因为这些行为都属于"英雄壮举"，并且这些条件的相关表述"非常笼统"，一旦其在中国被判处无期徒刑，就将不可能获得减刑。

被请求引渡人及其辩护律师的上述解释显然是对中国《刑法》第78条的歪曲，并且是在试图误导西班牙法官对中国减刑制度的理解，他们所列举的六种情形不属于减刑的一般条件，而是"应当减刑"的情况。中国《刑法》第78条第1款规定："在执行期间，如果认真遵守监规，接受教育改造，确有悔改表现的，或者有立功表现的，可以减刑。"因此，即使被判刑人在服刑期间没有表现出"英雄壮举"，只要能够认真遵守监规，接受教育改造，即具备减刑的一般条件，存在减刑的可能性。西班牙司法机关在引渡问题上关注的正是此种减刑的可能性，而并不要求减刑的必定性。

基于中国主管机关提供的《刑法》有关减刑的规定，西班牙国家法院于2014年5月19日作出判决，判定被请求引渡人及其律师关于中国《刑法》第78条的解释"是不对的"，而且包含着对西班牙关于无期徒刑不引渡理论的曲解。判决书写道："上诉人援引的西班牙宪法理论所确立的原则并不是要求已科处的无期徒刑应当毫无例外地得到减刑，而是要求存在着这样一种可能性：无期徒刑的适用不是终身不可变通的。减刑的条件，诸如中国《刑法》第78条规定的接受教育、接受品行矫正、遵守监规、有悔罪表现、有立功行为，在包括西班牙在内各国立法中通常也有规定，以此作为获得服刑优待的条件。中国《刑法》有关条款规定由人民法院对确有悔改表现或者立功表现的人员作出反应，负责就减刑问题作出裁决，这意味着减刑裁决是由根据中国宪法制度建立的司法机关作出的，而且可以因犯罪人的悔改表现而作出。"[1]最后，西班牙国家法院得出以下结论："总之，中国立法已规定可以对无期徒刑进行变更，从而使该刑罚缩短并且不再是终身的，由此得出结论，中国主管机关针对上诉人提出的引渡请求不造成对西班牙《宪法》的违反。"[2]

## 四、结合我国现行法制的几点思考

"无期徒刑不引渡"规则的出现以及相关的法律博弈，对于我国境外追逃工作的深入、被动引渡中对外国引渡请求的审查以及我国刑事法律制度的设置，都提出了一些新问题，需要我们早做研究、早拟预案，认真借鉴国际刑事司法合作的新标准，并适时考虑对我国相关刑罚制度及其司法适用予以合理的把握与完善。对此笔者提出以下几点意见：

首先，由于《刑法》对大量严重犯罪都规定了无期徒刑，因此在我国的境外追逃工作中，无期徒刑对引渡合作的消极影响将日益显现，尤其是在从欧洲国家和拉美国家的追逃个案当中。但是，这种影响是有限度的，主要发生在可能适用不得减刑、假释的终身监禁刑的案件中。虽然《刑法修正案（九）》针对贪污贿赂犯罪引进了不得减刑、假释的终身监禁，但此种刑罚的适用以判处死刑缓期执行为前提条件，不能独立科处。在引渡合作尤其是与西方国家的引渡合作中，我国通常会根据

---

〔1〕　Audiencia nacionalsala de lo penal, No. de Resolución：24/2014.

〔2〕　Audiencia nacionalsala de lo penal, No. de Resolución：24/2014.

被请求国的要求作出不适用死刑的承诺，并且所谓"不适用死刑"当然包括不适用"死缓"，因此我国《刑法》现有的不得减刑、假释的终身监禁制度尚不会对引渡合作造成妨碍或者直接的影响。

其次，围绕"无期徒刑不引渡"规则的博弈往往涉及对请求国刑事司法制度和刑罚制度的基本评价问题。由于一些国家对于我国刑事法制缺乏足够的了解，甚至仍然带有偏见，我国刑事立法中的无期徒刑尤其是不得减刑、假释的终身监禁问题可能会被放大或者被曲解，被请求引渡人会极力歪曲该刑罚的适用规则，通过抹黑中国刑事司法制度的方式对外国司法人员进行误导。对于这种可能性我们切不可掉以轻心，必须在具体案件的实践中充分予以考虑并有效应对。从某种意义上讲，引渡合作是一场法律博弈，博弈的主要参加者是请求方、被请求方和被请求引渡人，对被请求引渡人的制胜往往是通过向被请求方主管机关进行耐心论证而实现的。我们应当汲取一些引渡案件的教训，不能满足于按部就班地提出引渡或遣返请求及支持请求的材料，而应当注重对被请求国法制、司法实践和法律理念的研究，有针对性地提供相关说明和证据，有效地化解遇到或可能遇到的具体法律问题或障碍。

从另一个角度看，"无期徒刑不引渡"对于我们来说，也可能是一柄双刃剑。同对待"死刑不引渡"规则一样，对于某些国家在引渡合作中对无期徒刑的排斥以及可能由此而产生的引渡合作新规则，我们也不宜简单地抱否定态度，是可以在一定程度加以借鉴的。正如我们在前面所论证的，对于某些可能被判处无期徒刑的人不予引渡，这一做法同对"酷刑"概念的理解有着内在的和基本的联系。我国已经加入《禁止酷刑和其他残忍、不人道或有辱人格的待遇或处罚公约》，《引渡法》第 8 条第 7 项明确规定"被请求引渡人在请求国曾经遭受或者可能遭受酷刑或者其他残忍、不人道或者有辱人格的待遇或者处罚的"，应当拒绝引渡。因此，在被动引渡中，如果向我国提出引渡请求的国家以无期徒刑或终身监禁名义对被请求引渡人科处残忍、不人道或者有辱人格的刑罚或者待遇，我国主管机关也应当加强审查，要求请求方提供相关的法律信息及说明，必要时要求其作出关于适用减刑、假释或其他宽免措施可能性的说明或者相关的承诺，甚至直接拒绝其引渡请求，以此树立我国法治的人道主义形象。

最后，从"无期徒刑不引渡"规则的视角观察，还应当客观地、理性地分析我国的无期徒刑制度及其适用问题。关于我国刑事立法中现行的不得减刑、假释的终身监禁制度，笔者在此不就其利弊得失进行评论。但对于此种终身监禁制度，应当严格遵循《刑法修正案（九）》的立法精神，将其作为死刑替代措施加以适用，并且尽可能地限制其适用范围。由于立法者使用了"可以"一词，因此即使是在被判处死刑缓期执行的情况下，也需要注意控制不得减刑、假释的终身监禁的适用，不宜将其与贪污贿赂罪的死缓适用完全挂钩。此外，随着我国刑罚制度和刑事矫正制度的不断改革和完善，在时机成熟时也需要考虑针对不得减刑、假释的终身监禁的执行引进适当的变通措施，以便鼓励服刑人员洗心革面、痛改前非，并且从人道主义的角度尽量解决或减缓其服刑中遇到的各种困难包括家庭困难，使监禁性刑罚能够充分发挥教育、改造的基本功能。

第三章
# 意大利法院对双重犯罪标准的严格解释\*

　　针对中国向意大利提出的引渡请求，2016 年 2 月 3 日意大利最高法院作出第 6769 号判决，主要围绕着引渡请求所列举的行为是否符合"双重犯罪"条件这一基本问题，援引罪刑法定与罪刑对称原则对引渡中双重犯罪标准作出了较为严格的解释。

　　首先，该判决承认中国引渡请求所列举的"组织、领导传销活动罪"根据意大利 2005 年 8 月 17 日第 173 号法律也构成"发起、组织层级式销售活动罪"，只不过意大利法律规定的传销罪属于违警罪，对其只能判处 6 个月至 1 年拘役。由于《中国和意大利引渡条约》为"可引渡犯罪"规定的刑期标准是 1 年以上徒刑，因而，此项在中国受到指控的犯罪根据意大利法律则不符合"可引渡犯罪"的条件。实际上，从米兰上诉法院作出同意引渡裁决的情况分析，中国《刑法》规定的组织、领导传销活动罪也与意大利《刑法典》规定的诈骗罪比较相似，并且在双重犯罪问题上也可以按照诈骗罪加以认

　　\* 本章部分内容曾发表于《法律适用（司法案例）》2017 年第 6 期，原标题是"关于引渡案件中'双重犯罪'原则适用问题的认定——意大利最高法院第 6769 号判决述评"，收录本书时作者增加了部分内容。

定，考虑到意大利《刑法典》第 640 条为诈骗罪规定的最高刑为 3 年有期徒刑，从这个角度讲，对于本案所涉及的"可引渡犯罪"的刑期标准似乎也可以作出其他的解释。

值得关注的是，在第 6769 号判决书中，意大利最高法院对"双重犯罪"原则作出了更深层的解释，认为该原则是罪刑法定原则在国际刑事司法合作尤其是引渡合作领域的延伸和贯彻，并据此认为中国《刑法》第 224 条之一对组织、领导传销活动罪规定"处 5 年以上有期徒刑，并处罚金"，因没有规定刑罚的最高上限而表现为"不确定的"，为法官的自由裁量权留出过宽的余地，不利于防止擅断情形的发生，不符合罪刑法定原则。判决书特别指出："在引渡程序中，请求国刑罚制度与意大利刑罚制度的潜在差异是无关紧要的，除非这种不同的制度是完全不合理的，并且明显地与罪刑法定和罪刑对称这两项基本原则相冲突。"基于这一理由，意大利最高法院裁决撤销了米兰上诉法院允许引渡的判决，并以此作为终审裁决。

虽然意大利最高法院第 6769 号判决书关于"双重犯罪"原则的阐述全面、具体地贯穿着罪刑法定原则，是相当深刻的和颇具借鉴意义的，但是，在对中国刑罚制度的分析和评价方面却暴露出相关常识的匮乏，甚至带有一定程度的偏见色彩。按照中国的法律制度，当法律规定"处 5 年以上有期徒刑"时，此种表述本身就意味着法定最高刑上限是 15 年有期徒刑，因为中国《刑法》第 45 条已将有期徒刑的期限规定为"6 个月以上 15 年以下"，并且第 62 条明确规定"应当在法定刑的限度以内判处刑罚"。正如张明楷教授所解释的，"由于有期徒刑的幅度很大，如果不在法定刑中对有期徒刑的刑度作出规定，就会导致法官的自由裁量权过大，出现量刑不均衡的现象，因此，刑法分则对有期徒刑的刑度作了规定，具体表现为以下几种情况：1 年以下、2 年以下、3 年以下、5 年以下、1 年以上 7 年以下、2 年以上 5 年以下、2 年以上 7 年以下、3 年以上 7 年以下、3 年以上 10 年以下、5 年以上 10 年以下、7 年以上 10 年以下、5 年以上、7 年以上、10 年以上、15 年。于是，有期徒刑形成了 1 年、2 年、3 年、5 年、7 年、10 年、15 年共七个格。"[1]在这一刑事立法技术规范方面，中国与意大利是基本上一致的，我们可以在意大利最高法院第 6769 号判决书中读到同样的规则："当某一具体的处罚规范没有列举法定最高刑的上限时，则应当理解为该上限就是意大利《刑法典》第 23 条和第 26 条以及《平时军事刑法典》第 26 条为特定种类刑罚所规定的最高上限。"

通过研读意大利最高法院第 6769 号判决书，我们也能够意识到：在国际刑事司法合作中，请求方与被请求方相互及时沟通法律信息是何等重要。类似于针对引渡请求所列举之罪行的法定最高刑上限这样的规定和理解，完全可以通过请求方法律专家的专业诠释加以说明和澄清，在本案中，中意双方似乎都忽略了这方面的沟通，至少是做得不够充分。在引渡合作中，请求方对于引渡请求的主张和维护应当是动态的，不应仅仅满足于一次性提交引渡请求书及其相关的支持引渡请求的材料，而是应当根据在被请求引渡人及其律师引渡司法审查中提出的各种问题和抗辩意见有针对性地补充提交必要的澄清材料或反驳证据。这就需要引渡请求方，特别是具体的办案单位，

---

[1] 张明楷：《刑法学》（第 4 版），法律出版社 2011 年版，第 473 页。

通过我国驻被请求国的使领馆机构或者在被请求国聘请的律师与请求方主管机关保持密切联系，及时发现各种新出现的问题，研究并采取相关的应对措施。

此外，第 6769 号判决书也有助于中国刑事立法机关反思我们自己的一些立法技术和相关表述，以便依照罪刑法定原则和罪刑对称原则，更加科学和明确地界定针对某些犯罪的量刑幅度尤其是最高刑上限。毋庸讳言，我国《刑法》总则对罚金刑没有规定任何数额限度尤其是上限，《刑法》分则在为各种犯罪的刑罚度量确定标准时基本上对罚金的具体数额没有作出规定，并且没有设定罚金额的最高限制。罚金刑最高上限的缺乏数额"可能导致罚金数额无度"。[1]这不能不说是一种立法上的缺失，的确有可能被人理解为属于"不确定的"刑罚，并被斥为不符合罪刑法定原则。实际上，此种理解和批评在第 6769 号判决书中已有所表露。

现将意大利最高法院第 6769 号判决书翻译刊载如下：

## 意大利最高法院第六刑事审判庭
### 2016 年 2 月 3 日第 6769 号判决书

### 事实概述

1. 2015 年 11 月 11 日米兰上诉法院作出判决，决定接受中华人民共和国政府的请求，对×××实行引渡，并执行中国××法院于 2015 年 1 月 19 日因诈骗罪（其根据是中国《刑法》第 224 条

---

〔1〕　曲新久：《刑法学》（第 2 版），中国政法大学出版社 2009 年版，第 208 页。

之一）签发的逮捕令。

2. 针对米兰上诉法院的上述判决，被请求引渡人聘请的律师向最高法院提出上诉，提出了不服判决的三个理由，简要叙述如下：

2.1 有关判决没有遵守意大利《刑法典》第 13 条第 2 款的规定，或者说，判决错误地适用了该规定，本案不具备双重犯罪的条件。在引渡请求中没有足够材料可据以推论引渡请求所针对的行为符合中国《刑法》第 224 条之一提到的诈骗犯罪特征（上诉人正是因诈骗罪而被逮捕的，而且米兰上诉法院在其判决书中已排除此犯罪），也就是说，不符合中国《刑法》第 224 条之一关于禁止"层级式销售（传销）"规定中或者任何其他国内法罪状中规定的诈骗罪特征。

在本案审理中，米兰上诉法院从上诉人的被指控行为中发现了意大利 2005 年 8 月 17 日第 173 号法律第 5 条规定的构成要件，然而，相对于上述法律规定的两种违警罪构成要件，上诉人的被指控行为均不符合：一方面是因为有关的在线游戏［略］，就像其他通过互联网广泛进行的游戏一样，使得游戏参与人可以在虚拟世界中构建一座城市，但却不能认为这属于一种以招募新人（下线）为目的的"销售结构"；另一方面还因为参加上述游戏的人是从中接受实物对价的。

2.2 违反了于 2010 年 10 月 7 日在罗马签订的、经 2015 年 9 月 24 日第 161 号法律批准的《意大利和中国引渡条约》第 2 条的规定，因为 2005 年 8 月 17 日第 173 号法律第 5 条和第 7 条没有规定有期徒刑的刑罚，仅仅规定了 6 个月至 1 年的拘役刑，而根据与中国签订的上述引渡条约，准许引渡的限制条件是引渡请求所针对的犯罪根据两国法律均可判处有期徒刑。

2.3 第三个理由涉及请求国法律制度针对被指控的犯罪规定的刑罚处遇，此种刑罚处遇与我国的刑罚处遇之间存在差异。中国《刑法》第 224 条之一规定了一个法定刑边界，在情节严重情况下，可判处相当于或者高于 5 年的有期徒刑，这个法定刑边界至少超出意大利法律制度所规定的最高刑上限的 5 倍（2005 年 8 月 17 日第 173 号法律第 7 条规定的刑罚是 6 个月至 1 年拘役）。

由此认为，从意大利《宪法》第 25 条第 2 款规定的刑罚确定性原则以及《欧洲人权公约》第 7 条的角度看，上述情形构成对基本人权的损害，因为上诉人一旦受到引渡并被判有罪，对其可能科处的刑罚的最高刑完全是不确定的。

## 法律评析

1. 第三个上诉理由是有根据的，并且其涵盖范围在逻辑上可吸收其他辩护理由。

2. 根据引渡请求所附的文书材料，米兰上诉法院已经指出：请求书所列举的行为属于"层级式销售"情况：一方面，有关的投资和金融经管活动是一种"伪装"；另一方面，被告人所经营的公司对游戏参与人的招募采用了与 2005 年 8 月 17 日第 173 号法律《关于住所直接销售和保护消费者免遭层级式销售损害的规定》所列举的罪状相吻合的形式和手段，《关于住所直接销售和保护消费者免遭层级式销售损害的规定》第 7 条规定：除行为构成更为严重的犯罪外，对于发起或者实施传销活动或者该法律第 5 条所列举的、可定义为"层级式销售和游戏或链条式销售"活动的人员，给予刑事制裁。

根据上面提到的法律规范，"禁止发起和实施以下销售活动和销售结构：参与该活动或结构者的首要经济刺激力来自于单纯地招募新的成员，而不是基于这些成员直接销售或推广或者通过其他成员销售或推广特定产品或服务的能力。"同时还禁止"发起或者组织以下游戏式活动、发展计划、'Sant Antonio 式链条'：单纯通过招募其他人形成盈利的可能性，并且经过支付一定钱款后此种招募权可以无休止的转让"。

针对上述非法行为，第 173 号法律第 7 条确定了刑事制裁措施，规定："任何人发起或者实施层级式销售活动、销售结构或者第 5 条列举的活动，包括发起群体性倡议、引诱一人或数人参加、归附第 5 条列举的组织或活动或者建立有关分支机构的，处以 6 个月至 1 年拘役或者 10 000 欧元~60 000 欧元罚款。"

3. 不服判决的第三个理由是针对请求国法律制度为被指控的犯罪规定的刑罚处遇而提出的，认为此种处遇与意大利法律规定的刑罚处遇之间存在差异，对于这一理由应当从本最高法院确立的一系列司法判例的角度加以考察，这些判例是：2011 年 2 月 2 日第六审判庭第 7183 号判决书（dep. 24/02/2011，Rv. 249225）；2008 年 9 月 24 日第六审判庭第 38137 号判决书（dep. 06/10/2008，Rv. 241263）；2008 年 12 月 2 日第六审判庭第 4263 号判决书（dep. 29/01/2009，Rv. 242146）。根据上述判例，在引渡程序中，请求国刑罚制度与意大利刑罚制度之间的潜在差异是无关紧要的，除非这种不同的制度是完全不合理的，并且明显地与罪刑法定和罪刑对称这两项基本原则相冲突。

众所周知，在我们的法律制度中，罪刑法定原则是由意大利《刑法典》第 1 条确立的，并得到意大利《宪法》第 25 条第 2 款的保障（参见宪法法院 1962 年 3 月 7 日第 15 号判决书），该原则要求法律不仅应当预先确定各种制裁措施的种类和内容，采用法律所界定的标准约束法官的裁量权，防止法官超出制裁规定，或者说，超越刑罚可适用范围作出选择，同时还要求法律应当预先确定刑罚的量度，避免让法官任意确定刑罚的痛苦量，也就是说，避免通过判处刑罚而对个人自由造成任意挤压。

对引渡请求所针对的犯罪规定怎样的刑罚处遇，这属于请求国立法权的裁量范围，但是，对于相关的规定，需要结合我国《宪法》在罪刑法定问题上所确立的不可规避的准则，从与之相关的暗含意义的角度认真予以评估。

从上述解释的角度看，很明显，针对引渡请求所列举之犯罪确定的法定刑边界（即中国《刑法》第 224 条之一规定的"情节严重的，处 5 年以上有期徒刑，并处罚金"），不仅超出了我国法律针对同样罪状规定的最高刑（即 2005 年 8 月 17 日第 173 号法律第 7 条规定的 6 个月至 1 年拘役的法定刑幅度）整整 5 倍，而且，一旦上诉人被引渡并且在审判中被认定有罪，对其可能科处的监禁刑的最高刑期，在法律规定上完全是不确定的。

通过从立法上对刑罚的最低下限和最高上限加以确定，法官所承担的任务就被限定于使具体科处的刑罚"相对称"，这里所说的相对称，不是与自己对被法律规定为犯罪的行为所作出的评价相对称，而是遵循立者的意志，与由法定刑下限和上限所确定的渐进式刑罚阶梯相对称。这时候需要注意的是：对于一些符合相同抽象罪状的情况，如果它们表现出较低的严重性并且反映出较低的犯罪能力指标，立法者为其规定了最低刑下限；另一方面，对于根据意大利《刑法典》第 133 条规定的要件认为具有较高严重性并且反映出较高人身危险性指标的情况，立法者则为其规定了最高刑上限（参见 1992 年 6 月 15 日第 299 号宪法法院判决书）。

因此，在我们的法律制度中，从立法上预先为可适用于某一特定犯罪的刑罚确定最高刑上限，这是一项基本的要求，这是为了使具体确定刑罚的司法裁量权在法律上受到限制并对其加以规范，是为了防止擅断情形的发生。

根据这样的解释，对于犯罪所适用的最高刑上限是不确定的，此种做法的合宪性完全受到罪刑法定原则的否定，正如前面援引的宪法法院判决所提到的，在我们的法律制度中这是不可能出现的情况。当某一具体的处罚规范没有列举法定最高刑的上限时，则应当理解为该上限就是意大利《刑法典》第23、26条以及《平时军事刑法典》第26条为特定种类刑罚所规定的最高上限。

由此认为，在相关材料不足以表明存在类似于意大利《刑法典》第24条为罚金刑规定的一般性限度的情况下，有关的引渡请求不符合为获得准许所必须具备的条件。

4. 基于以上作出的评析，最后决定撤销受到上诉的判决，并且不再发回重审。

文书室将负责执行意大利《刑事诉讼法典实施细则》第203条规定的各项工作。

2016 年 2 月 3 日裁决于罗马
2016 年 2 月 19 日判决书文本存放于文书室

第四章

# 关于我国《引渡法》修订的几个主要问题<sup>*</sup>

现行的《引渡法》于 2000 年 12 月 28 日公布生效，吸收了国际社会普遍认同的引渡合作原则和惯常做法，首次建立了对外国引渡请求的司法审查、行政审查双重审查制，在引渡审查中赋予被请求引渡人以诉讼参与人的地位，保障其享有知情权、辩护权和提出异议的权利，从而将我国与外国相互移交逃犯的合作法制化、规范化。在该法律实施的近二十年进程中，各国引渡制度发生了一些重大的变化，出现了一些值得借鉴的立法改革和司法经验，我国各主管机关在引渡合作实践中也不断遇到一些新问题，同时也摸索出一些行之有效的做法，因而有必要考虑在适当时对现行《引渡法》进行适当的补充和完善。本章对我国《引渡法》提出若干修改建议，希望能为引渡实践提供更为科学、完备的法律依据。

## 一、增加关于简易引渡的程序

简易引渡（extradition simplified）也被称为同意引渡（con-

---

* 本章内容系黄风教授与其指导的博士研究生陶琳琳合作撰写，原标题是"关于《中华人民共和国引渡法》修订的几个主要问题"，曾发表于《吉林大学社会科学学报》2020 年第 4 期，收入本书时略有修改。

sent to extradition），是指在被请求引渡人同意自愿接受引渡的条件下，被请求国省略一般的审查程序，快速将该人移交给请求国。实行简易引渡一方面能够节省司法资源，加快国际合作的进程；另一方面，也体现出对被请求引渡人诉讼权利和意愿的尊重，并缩短该人在被请求国受羁押的时间。"如果进展缓慢意味着对人的反对被引渡这一权利的尊重，则符合公正的刑事诉讼的原则。但是，假若被引渡人并无意反对对其的引渡，则这一拖延是无正当理由的。"〔1〕简易引渡程序目前在国际社会被广泛推行，很多国家的引渡法、国家间的引渡条约以及含有引渡条款的国际公约都有关于简易引渡的规定，1990 年《联合国引渡示范条约》第 6 条规定，"被请求国在其本国法律不予排除的情况下，可于收到临时逮捕的请求后准予引渡，但须所通缉者在主管当局面前明确表示同意。"〔2〕2000 年《联合国打击跨国有组织犯罪公约》和 2003 年《联合国反腐败公约》均鼓励实行简易引渡，呼吁"缔约国应当在符合本国法律的情况下，努力加快引渡程序并简化与之有关的证据要求"。〔3〕在我国与一些国家签订的双边引渡条约中，也能看到关于简易引渡的条款，例如，《中华人民共和国和秘鲁共和国引渡条约》第 13 条"简捷移交"规定："如果被请求引渡人同意被移交给请求方，被请求方可以在其法律允许的范围内尽快移交该人，而无需任何后续程序。"我国与莱索托、纳米比

---

〔1〕 参见《〈欧盟成员国间简易引渡程序公约〉解释报告》，载赵秉志主编：《欧盟刑事司法协助研究暨相关文献中英文本》，中国人民公安大学出版社 2003 年版。

〔2〕 参见《联合国引渡示范条约》第 6 条。

〔3〕 参见《联合国反腐败公约》第 44 条第 9 款，载赵秉志等编：《〈联合国反腐败公约〉暨相关重要文献资料》，中国人民公安大学出版社 2004 年版，第 22 页。

亚、墨西哥等国家缔结的双边引渡条约也含有类似的规定。[1]然而，在我国现行《引渡法》中尚无关于简易引渡的规定。

从欧洲各国的引渡实践看，在被请求引渡人之中有70%~80%的人同意采用简易程序，希望能够尽快被引渡到请求国。[2]关于被请求引渡人在何时可以作出同意引渡的意思表示，在各国简易引渡条款中有着不同的规定。《欧盟成员国间简易引渡程序公约》规定了简易引渡的三种适用范围：其一，在对被请求引渡人予以临时羁押情况下，被请求引渡人在受到羁押时（或者被羁押后的10天以内）可以表示同意引渡，只要未因其他理由在被请求国受到通缉或羁押；其二，被请求引渡人在受到羁押10天以后，临时逮捕的40天期限届满之前，且引渡请求书提交之前，可以表示同意接受引渡；其三，如果有关成员国在批准时作出声明，被请求引渡人在引渡请求书提交之后也可以表示同意引渡，而不论请求国在提交引渡请求书之前是否要求了先行羁押。[3]很多国家的引渡法将这一时间规定得比较宽泛，例如，新西兰《1999年引渡法》第28条第1款规定："某人可以在任何时候通知法院他（她）同意因引渡请求所针对的可引渡犯罪而被移交给引渡请求国。"

---

〔1〕 参见《中华人民共和国和莱索托王国引渡条约》第11条、《中华人民共和国和纳米比亚共和国引渡条约》第10条以及《中华人民共和国和墨西哥合众国引渡条约》第13条，载G20反腐败追逃追赃研究中心编：《中华人民共和国反腐败追逃追赃条约法规汇编》，中国政法大学出版社2017年版，第523、548、578页。

〔2〕 ［日］森下忠：《国际刑法入门》，阮齐林译，中国人民公安大学出版社2004年版，第177~178页。

〔3〕 吴高庆：《惩治腐败犯罪之司法程序——〈联合国反腐败公约〉程序问题研究》，中国人民大学出版社2006年版，第212页。

关于被请求引渡人的同意向哪一机关作出有效，一般规定为可以通知法院或在法官面前表示同意，英国《2003年引渡法》第127条第4款规定：任何人在将案件送交国务大臣以作出是否引渡的决定之前，需在合适的法官面前表示同意引渡；同时第127条第5款还规定：在任何其他情况下，被请求引渡人需向国务大臣表达同意引渡的意愿，也就是说，如果不处在司法审查阶段，被请求引渡人可以向行政主管机关提出同意引渡的意思表示。

关于同意引渡的法律后果，各国引渡法规也有着一些具体的规定。根据马来西亚《1991年引渡法》第22条第1款的规定，同意引渡的"有关法律后果"包括：被请求引渡人将被立即收监；他无权就收监的决定提出人身保护令申请；在被移交后他可能会因未在引渡请求中列举的其他比较轻微的罪行或者被请求国同意审判的其他可引渡之罪接受审判。[1]在实行简易引渡的情况下，被请求引渡人一般将丧失特定性原则的保护，英国《2003年引渡法》第128条第5款规定："该人应当被视为已经放弃了他本享有的、在第二类法域不因在引渡前实施的其他犯罪受到处理的任何权利。"也有国家法律规定被请求引渡人权利保护的丧失应当是基于其在提出同意引渡时明确放弃遵循特定性原则，例如，新西兰《1999年引渡法》第29条规定："要求审理有关引渡案件的法院应当询问被请求引渡人是否同意因其他犯罪接受审判。"由于简易引渡可能意味着被请求引渡人将丧失或者放弃部分权利，因此，被请求国主管机关应当向被请求引渡人说明同意引渡的法律后果，同意引渡

---

〔1〕 参见马来西亚《1991年引渡法》第22条第1款。

必须是在被请求引渡人充分了解相应的法律后果的基础上自愿提出的。根据新西兰《1999年引渡法》第28条第3款的规定，"被请求国在对同意接受引渡的意愿进行审查时应当特别注意以下情形：①被请求引渡人在有关程序中得到了合法代理，即获得了法律顾问的帮助；②请求引渡人是在被充分告知并且充分了解有关法律后果之后自愿表示同意的。"

　　简易引渡制度的重要价值就在于通过简化引渡程序加快国际合作的进程，在保障被请求引渡人的人权和司法公正的基础上提高国际刑事司法合作的效率。简化引渡程序首先体现在减少对引渡请求文书和材料的审查方面，《加拿大与意大利引渡条约》规定：在被请求引渡人自愿同意引渡的情况下，被请求国的司法机关将放弃或者终止对引渡请求的审查，因此，可以不要求请求国提供支持引渡请求的文件或证据材料。[1]《澳大利亚与荷兰引渡条约》甚至免除了依照法定的程序提出正式引渡请求的程序，规定在被请求引渡人同意被移送到请求国的情况下，不必通过外交程序并且采用书面形式提交经过合法认证的引渡请求书。[2]简化之后的引渡程序大大缩短了引渡的期限，根据英国《2003年引渡法》的规定，法官必须在被请求引渡人同意引渡之日起10天内下令将该人引渡到第一类法域的领土。[3]《欧盟成员国间简易引渡程序公约》规定在被引渡人表示同意后最长40天内移交被引渡人。

　　在近几年的我国境外追逃追赃工作中，"劝返"措施被广泛应用，目前已归案的"百名红通人员"中更是有多半都是

[1] 参见《加拿大与意大利引渡条约》第7条和第10条。
[2] 参见1988年实施的《澳大利亚与荷兰引渡条约》第5条第3款。
[3] 参见英国《2003年引渡法》第46条第6款。

接受"劝返"回国投案的。所谓"劝返"就是在境外追逃工作中通过对外逃的犯罪嫌疑人进行规劝，使其自愿回国接受审判，这种措施也可以运用于引渡程序当中，从而化解在外国引渡程序中可能遇到的种种困难和不确定性。2018 年 11 月 30 日，我国成功地从保加利亚将外逃的职务犯罪嫌疑人姚锦旗引渡回国，从 2018 年 10 月 17 日保加利亚警方对姚锦旗采取引渡临时羁押措施，到同年 11 月 26 日保加利亚地方法院作出引渡裁决，整个引渡进程只用了短短的 40 天，如果走正规的引渡程序，这个速度是不可能的，这正是得益于保加利亚引渡制度中的简易引渡程序。[1] 所以，我国《引渡法》应当构建简易引渡制度，与国际引渡合作接轨，与我国主动引渡中的"劝返"实践相对应，更好地遵循国际合作中的互惠原则，并为我国与外国引渡条约中简易引渡条款的适用提供国内法依据，更好地满足引渡实践的需要。

根据对各国关于简易引渡或者同意引渡法律制度的基本规则的分析，笔者建议在我国《引渡法》第二章"向中华人民共和国请求引渡"中增加简易引渡一节或者增加简易引渡的条款。首先，可以规定在国务院作出准予引渡的决定之前，被请求引渡人可以向我国引渡案件主管机关提出自愿接受引渡的意思表示，此种意思表示应当以书面形式表达，并且一经提出即不可撤回。在核实自愿接受引渡的意思表示真实、有效之后，我国引渡案件主管机关可立即作出同意引渡的决定并向提出引渡请求的国家移交被请求引渡人。其次，需要规定在公安

---

〔1〕 参见姜洁：《透视国家监委引渡第一案》，载《人民日报》2018 年 12 月 1 日，第 6 版。

机关作出引渡拘留的决定或者指定的高级人民法院作出引渡逮捕的决定之后，在对被请求引渡人的身份进行审核的同时应当告知其享有表达自愿接受引渡意思表示的权利。在告知享有此项权利之时，公安机关或者高级人民法院应当向被请求引渡人说明自愿接受引渡所可能导致的法律后果。

关于简易引渡与特定性原则的关系，新增补的关于简易引渡的条款可以规定在实行简易引渡的情况下，不必要求请求国依照我国现行《引渡法》第 14 条第 1 项的规定作出关于遵守特定性原则的保证，也就是说，不要求请求国保证不对被引渡人在引渡前实施的其他未准予引渡的犯罪追究刑事责任，请求国也不必保证不将被引渡人再引渡给第三国。如果请求国已作出了关于遵守特定性原则的保证或者相关引渡条约含有关于特定性原则的规定，在实行简易引渡情况下将不受关于遵守特定性原则保证或者引渡条约中特定性原则条款的约束。

## 二、增加我国主管机关代表请求国参加引渡诉讼的规定

在现代引渡制度中，对引渡请求的司法审查表现为一种诉讼活动，就像在刑事诉讼程序中需要控、辩、审三方的参与一样，在引渡案件司法审查中，控方是提出引渡请求的国家，辩方是被请求引渡人，审方则是被请求国的主管法院。考虑到一个国家如果在他国参加诉讼就意味着放弃了自己主权国家的司法豁免权，请求国的公诉机关不能代表该国直接在被请求国参与引渡案件的诉讼审理，请求国往往需要在被请求国寻求诉讼代理，代表其在司法审查中支持引渡请求。

各国引渡法通常都允许提出引渡请求的国家通过在被请求

国的代理人参与引渡诉讼。请求国参与引渡诉讼的方式可以表现为不同的形式，既可以通过被请求国的检控机关代理其参加诉讼，也可以通过聘请被请求国的适格律师参与诉讼，还可以上述两种方式双管齐下同时采用。多数国家在引渡司法审查中规定被请求国的检察机关作为请求国的代表，在引渡诉讼中向法院提交请求国提供的引渡请求材料，在司法审查中发表支持引渡的意见，并可以对法院不同意引渡的司法审查决定提起上诉或申诉。根据美国法律，"审理引渡请求案件时联邦检察官代表请求国的利益，作为请求国引渡请求案件的诉讼代理人，进行出庭辩论、提出证据资料等诉讼行为。"〔1〕澳大利亚《1988年引渡法》规定，在引渡听审过程中，澳大利亚的英联邦检察办公室主任可以代表引渡请求方向主管法官发表支持引渡请求的意见。〔2〕乌克兰《刑事诉讼法》关于引渡的部分使用了"公诉人"的表述，在对引渡请求的司法审查程序中，法院应当通知州公诉人办公室，"州检察长办公室应提交证明引渡决定合法性和有效性的材料。"〔3〕根据日本《引渡法》的规定，东京高等检察厅根据法务大臣的命令，向东京高等法院提出关于司法审查的申请，并提交有关的引渡请求以及支持该请求的文件和材料。荷兰《引渡法》也有类似的规定，同时要求检察官、被请求引渡人及其辩护律师应当出席引渡听审。

也有些国家在引渡司法审查中没有检察机关的介入，而是由警察机关进行调查和参与，例如，根据丹麦《引渡法》的规定，警察机关对司法部长转送的请求材料进行必要的调查，

---

〔1〕 董书丽：《美国引渡司法审查制度简况》，载《中国司法》2011年第3期。

〔2〕 黄风：《引渡问题研究》，中国政法大学出版社2006年版，第163页。

〔3〕 参见乌克兰《刑事诉讼法》第463、468条。

调查结束后，重新将引渡请求提请司法部长审查决定。被请求引渡人有权要求警察机关提请当地主管法官对该决定的合法性问题进行审查。对于主管法官的裁定，被请求引渡人或警察机关可以向上诉法院提起上诉。[1]在这种引渡请求审查程序中，警察机关主要行使调查权，虽然可以提请法官进行审查，也有上诉权，但并不承担公诉职能，也不作为请求国的代理人参与引渡诉讼。还有少数国家在引渡审查程序中允许请求国聘请被请求国的律师作为代理人，例如，除规定检察官启动引渡司法审查程序外，意大利《刑事诉讼法典》第702条还规定："以互惠为条件，请求国有权参与在上诉法院和最高法院进行的有关诉讼，聘请一位有资格在意大利司法机关面前进行诉讼辩护的律师作为自己的代理人。"

我国与一些国家签订的双边引渡条约规定被请求国应代表请求国支持引渡请求，《中华人民共和国和泰王国引渡条约》第17条以及《中华人民共和国和柬埔寨王国引渡条约》第18条都规定："被请求方应代表请求方出庭。"《中华人民共和国和澳大利亚引渡条约》第20条要求"被请求方应当为因引渡请求而产生的任何诉讼程序作出所有必要安排，并且应当代表请求方利益"。在近几年我国与外国开展的追逃合作中，不少国家的执法机关和刑事检控机关为我国的引渡请求提供了有力的支持，在有关的引渡案件司法审查中，积极与我国的办案机关进行沟通，提供与追逃相关的法律咨询意见，协助我国主管机关向审理引渡案件的被请求国法院提交补充材料，并派员出庭支持我国的引渡请求。不相对称的是，在外国向我国提出引

---

[1] 黄风：《引渡问题研究》，中国政法大学出版社2006年版，第208页。

渡请求时，我国《引渡法》却没有规定我国主管机关可以作为请求国的代理人为其陈述或者提交支持引渡请求的意见及材料，请求国得不到来自我国刑事检控机关的直接帮助，有关的意见和材料只能通过外交途径转递。这种情况不符合国际引渡合作的一般实践，也未满足一些双边引渡条约的要求；长此以往有可能对我国的境外追逃工作造成负面影响，降低甚至失去外国刑事检控机关或其他主管机关对我国主动引渡请求的必要支持。

我国引渡制度应当尽快改变由外交部启动引渡案件司法审查程序的做法，将最高人民检察院确定为启动引渡案件司法审查的主体，同时规定在对引渡请求的司法审查中，与指定的高级人民法院相对应的检察机关可以代表请求国提出支持引渡请求的意见，向提出引渡请求的外国办案机关提供相关的法律咨询意见和指导，向负责司法审查的高级人民法院转递与引渡请求相关的补充材料。建议将检察机关确定为在我国代表请求国参与引渡诉讼主体的理由如下：其一，根据我国《刑事诉讼法》的规定，检察机关担负控方公诉机关的职责，在引渡诉讼中代表请求国的控方与我国检察机关在刑事诉讼的公诉职能相一致。其二，在许多国家的引渡司法审查程序中，检察机关都承担着提请和支持请求国引渡请求的职能，我国的境外追逃工作也得到了许多国家检察机关的积极支持，赋予我国检察机关代表请求国参加引渡诉讼并为请求方提供支持和意见的做法与国际上的一般实践相符合。

最高人民检察院，作为代表请求国参加引渡诉讼的代理机构，在收到外交部转来的引渡请求书及其所附文件和材料之后，无论经审查对引渡请求持有何种意见，均应当在规定期限内启动引渡司法审查程序，代表请求国向最高人民法院提出引渡请求。最高人民检察院即使对引渡请求持有异议，也不宜径自向外交部提出拒绝引渡请求的建议，而应当将相关意见向最高人民法院提出，由最高人民法院在司法审查中作出裁决。因此，我们建议对现行《引渡法》第 21 条作如下修改："最高人民检察院自收到外交部转来的引渡请求书及其所附文件和材料之日起 30 日内，代表请求国向最高人民法院提出引渡请求并转递相关的请求书及其文件和材料。如果最高人民检察院经审查认为对引渡请求所指的犯罪或者被请求引渡人的其他犯罪应当由我国司法机关追诉，在向最高人民法院转递引渡请求书及其所附文件和材料时一并提出自己的意见。"

考虑到各国处理引渡案件的主管机关以及提出引渡请求的办案机关的多样性，我国《引渡法》在修订时还可以考虑赋予公安部、国家监察委员会等主管机关以一定的协助职能，可以协助请求国办案机关与最高人民检察院以及相关的检察机关进行沟通、转递材料或者提供其他的法律支持。作出这样的规定将特别有助于我国公安机关和监察委员会在境外追逃中赢得相关国家主管机关的同等协助和支持。在境外追逃中，我国主管机关有时候也需要借助外国法律规定的程序，聘请外国律师作为我国在引渡诉讼中的代理人，而且目前已有这方面的具体实例，我们建议《引渡法》在修订时进一步规定：遵循互惠原则，允许提出引渡请求的国家在中国境内聘请中国适格律师参与对该国引渡请求的司法审查程序。

随着我国刑事检控机关和适格律师代表请求国参加引渡司法审查制度的确立，《引渡法》还需要在司法审查程序方面增加相应的规定，即在审理外国引渡请求时，高级人民法院应当

听取控辩双方的意见，由中国检察官向合议庭出示支持引渡请求的相关材料和证明引渡请求合法性的文件，并代表请求国发表支持引渡的意见。在法院审理过程中，我国检察机关可以向被请求引渡人提问，也可以回答审判人员的询问。审理外国引渡请求的高级人民法院作出相关裁定后应向被请求引渡人宣读，也应同时告知代表请求国参加引渡诉讼的中国检察机关。在最高人民法院复核高级人民法院裁定的程序中，不仅被请求引渡人及其委托的中国律师可以向最高人民法院提出意见，检察机关也可以代表请求国提出意见，并可针对被请求引渡人及其辩护人提出的意见进行辩驳。

### 三、允许请求国针对不引渡的决定提出申诉

各国的引渡制度一般采取"双重审查制"，被请求国的司法机关和行政机关分别对外国提出的引渡请求进行司法审查和行政审查，这两道审查的相互制约集中体现为"一票否决制"，即"司法审查和行政审查都有权否决对引渡请求的允许，无论这种否决来自哪一道审查，均具有完全的约束力，必定导致对引渡请求的拒绝"。[1]我国对外国引渡请求采用的是"行政审查—司法审查—行政审查"的模式，具体来说，外交部收到外国引渡请求后首先进行审查，如果认为不存在妨碍引渡合作的明显情形，则转由最高人民法院和指定的高级人民法院进行司法审查，法院作出符合引渡条件的裁定后将裁定书送交外交部，由国务院最终决定是否引渡。在任一审查阶段中，负责审查的主

---

〔1〕 黄风、凌岩、王秀梅：《国际刑法学》，中国人民大学出版社 2007 年版，第 181 页。

管机关作出不同意引渡的决定都具有终局性法律效力，导致引渡程序的当即完结，后续的审查程序将不再继续开展。

这种双重审查制中的"一票否决制"是传统引渡制度的一项基本原则，它的基础是国际刑事司法协助中的职责分工和权力制约，体现了对外国引渡请求审查的严密性，同时也体现了对被请求引渡人的特别权利保护：允许被请求引渡人对同意引渡的裁决提出申诉或上诉，但不允许请求国对不同意引渡的裁决提出申诉或上诉。但是，这种"一票否决制"在实践中越来越表露出其缺陷，它不给予请求国任何针对不同意引渡裁决的法律救济手段是有失公平与合理的。

为了弥补传统"一票否决制"的缺陷，近若干年来，很多国家关于引渡的法律改变了传统的"一票否决制"，允许提出引渡请求的国家，与被请求引渡人一样，享有相应的上诉或申诉权，使其可能改变司法机关或政府行政机关作出的不同意引渡的决定。英国《2003年引渡法》第28条规定："如果法官在引渡听审中命令将某人释放，则签发逮捕令的当局可以针对有关决定向高等法院提起上诉。"根据加拿大《1999年引渡法》第49条的规定，加拿大总检察长代表引渡伙伴，可以针对主管法官因不同意引渡而签发释放被请求引渡人的命令或停止有关程序的命令向省的上诉法院提出上诉。意大利《刑事诉讼法典》允许提出引渡请求的国家在意大利聘请律师作为其代理人，该代理人的职责包括代表请求国提出上诉，同时，驻上诉法院的检察长也可针对上诉法院不同意引渡的裁决向最高法院提出上诉。[1]有一些国家还允许请求国针对行政审查

---

〔1〕　参见意大利《刑事诉讼法典》第706条。

的决定提出申诉，例如，根据英国《2003 年引渡法》第 110 条的规定，如果国务大臣命令释放被请求引渡人，请求国针对相关决定可以向高等法院提起申诉。

关于上诉审的范围是法律审还是可以包括事实审，各国引渡法中的规定并不相同：一种是规定在上诉审中只能对法律问题进行审查，例如，新西兰《1999 年引渡法》第 68 条规定："上诉理由仅限于当事人认为主管法官在适用法律问题上存在错误。""在上诉审中，高等法院只能就法律问题进行审查，不能再去审查有关的证据材料。"也有国家规定以法律审为原则，必要时也可以对事实进行审查，例如，根据加拿大《1999 年引渡法》第 49 条的规定，当事人向上诉法院提起上诉，上诉理由应仅涉及法律问题，如果希望针对事实问题或者既针对法律问题又针对事实问题提出上诉，则需要得到上诉法院或上诉法院法官的许可。英国《2003 年引渡法》则将"提出了在引渡听审中没有提出的问题，或者取得了在引渡听审中没有获得的证据"以及"提出了在国务大臣考虑该案件时没有提出的问题，或者取得了当时未获得的信息"作为上诉的理由之一。[1]

如果允许请求国针对不同意引渡的裁决提出申诉或者上诉，则还需要改变传统"一票否决制"的另一项规则，即无论在任何审查环节，只要作出不同意引渡的决定，就应当立即释放在押的被请求引渡人。假如不改变这一规则，一旦被请求引渡人被释放，就有可能逃之夭夭，即使请求国的上诉或申诉获胜，也将变得毫无意义。因此，多数国家法律规定在请求国

---

[1] 英国《2003 年引渡法》第 106、111 条。

针对不同意引渡的决定提起上诉或申诉期间，应当继续对被请求引渡人实行羁押或者取保候审。例如，英国《2003 年引渡法》第 30 条规定："在上诉未决期间，法官必须将该人还押或准其保释。法官命令将该人还押的，过后可准其保释。"澳大利亚《1999 年引渡法》第 21 条规定，如果被请求引渡人根据主管法官的裁定被释放，受理申请或上诉的法院可以裁定逮捕该人。如果该人还没有因为主管法官的裁定被释放，或依据裁定已经逮捕，受理申请或上诉的法院可以裁定该人继续被关押，或者如果确实有特殊情况，法院可以作出裁定在一段时间内并按照一定条件保释该人。

国际引渡合作是一种法律博弈，请求国需要根据情况不断调整自己的对策和战术，以百折不挠的精神克服困难并设法解决问题，在我国的境外追逃工作中，也曾出现过我国主管机关在引渡诉讼暂时失利的情况下，利用被请求国的上诉或申诉程序寻求法律救济的案例。我国引渡制度应当借鉴一些国家引渡立法的科学、公允的程序设计，给予被请求引渡人和引渡请求方同等的法律救济手段。基于这样的考虑，我们建议改变现行《引渡法》"一票否决制"的某些规则，给予请求国及其代理人针对我国司法机关作出的不引渡裁决提出申诉的机会，同时也允许我国检察机关根据自己所掌握的情况及其判断自主地针对不引渡裁定向最高人民法院提出申诉意见。

鉴于我国《刑事诉讼法》规定检察机关可以代表国家或应被害人的申请就一审法院的判决向二审法院提起抗诉，启动二审程序，并且多数国家的引渡法规都规定在引渡司法审查中由检察机关针对主管法院签发的释放令或作出的不引渡决定提出上诉，因此我国《引渡法》也宜将检察机关确定为在引渡

诉讼中针对不引渡裁定向最高人民法院提出申诉的机关。如果高级人民法院作出不引渡的裁定，在最高人民法院复核之前，我国检察机关可以根据请求国的请求或者自主地对此裁定提出申诉。根据现行《引渡法》第 25 条的规定，被请求引渡人对高级人民法院作出的符合引渡条件的裁定不服的，在向其宣读裁定之日起 10 日内向最高人民法院提出意见，与此规定相对应，我国检察机关代表请求国或者自主提出申诉的期限也可以规定为自获知不引渡裁定之日起 10 日内。考虑到请求国准备申诉材料可能经历较为复杂的环节和进程，遇到文书转递和翻译等问题，笔者建议规定"经最高人民法院同意，提出申诉的期限可以延长 10 日"。

对于在司法审查阶段针对不引渡裁定提出的申诉，如果最高人民法院予以驳回，不引渡裁定则立即生效，并应当立即通知公安机关解除对被请求引渡人采取的强制措施；如果最高人民法院接受申诉意见，可以撤销高级人民法院的裁定，发回高级人民法院重新进行审查，这种情形下，对于高级人民法院重新作出的裁定最高人民法院还需再进行复核；在接受申诉意见的情况下，最高人民法院也可以直接作出变更的裁定，作出符合引渡条件的裁定，并将此裁定通过外交部报送国务院，启动最终的行政审查程序。

在我国检察机关代表请求国或者自主地针对不引渡裁定提出申诉的情况下，被请求引渡人被引渡逮捕的，应继续羁押；高级人民法院或者最高人民法院在认为合适时可以决定将对该人的引渡逮捕变更为引渡监视居住，但仍应注意防止在案件未决期间被请求引渡人离境潜逃。

## 四、增加监察委员会为引渡合作主管机关

我国的各级监察委员会创建于 2018 年，根据《监察法》第 11 条第 2 项的规定，监察委员会的主要职责之一是"对涉嫌贪污贿赂、滥用职权、玩忽职守、权力寻租、利益输送、徇私舞弊以及浪费国家资财等职务违法和职务犯罪进行调查"。2018 年 3 月 11 日修订的《宪法》第 127 条规定："监察委员会依照法律规定独立行使监察权，不受行政机关、社会团体和个人的干涉。监察机关办理职务违法和职务犯罪案件，应当与审判机关、检察机关、执法部门互相配合，互相制约。"由此看来，我国的监察机关是承担着一定刑事司法职能的反腐败专门机构，在办理职务犯罪方面，作为一个独立的办案机关参与到刑事诉讼程序当中。

《监察法》设专章规定了国家监察委员会反腐败国际合作的职能，根据《监察法》第 51、52 条的规定，国家监察委员会具有组织协调有关方面加强与其他国家、地区在引渡、司法协助等领域国际刑事司法合作的职责。2018 年 10 月 26 日公布实施的《国际刑事司法协助法》第 6 条将国家监察委员会确定为我国开展国际刑事司法协助的主管机关之一，与最高人民法院、最高人民检察院、公安部、国家安全部等部门"按照职责分工，审核向外国提出的刑事司法协助请求，审查处理对外联系机关转递的外国提出的刑事司法协助请求，承担其他与国际刑事司法协助相关的工作"。随着国家监察委员会在国际刑事司法协助中法律地位的确立，我国根据《联合国反腐败公约》第 46 条第 13 款的规定，将国家监察委员会同最高人

民检察院一起指定为我国在该公约框架下开展刑事司法协助的"中央机关"（Central Authority）。

自《监察法》颁布之后，国家监察委员会已走上境外追逃追赃国际合作的第一线。在短短一年多的时间中，我国各级监察委员会针对一些案件向外国提出了关于调查取证、冻结扣押资产等方面的刑事司法协助请求；引渡合作方面，也作为案件主管机关向一些国家提出了引渡请求，例如，针对"百名红通人员"第三号人物乔建军向瑞士提出了引渡请求，[1]针对涉嫌职务犯罪的浙江省新昌县常务副县长姚锦旗向保加利亚提出引渡请求。[2]从目前的实践情况看，我国各级监察机关通过国家监察委员会向外国提出的刑事司法协助请求和引渡请求已得到了外国主管机关的接受，《监察法》和《国际刑事司法协助法》所确立的我国监察机关在国际刑事司法协助和引渡合作中的主体地位已得到承认。与此同时，国家监察委员会也开始接受外国主管机关提出的请求，就外国审理的职务犯罪案件向外国提供刑事司法协助和引渡合作。基于这一最新发展，我国《引渡法》应当相应地作出修改，将国家监察委员会列入引渡合作主管机关行列，这样做将大大有利于国家监察委员会更为便利地与外国开展引渡合作，发挥其境外追逃的职责，并且有助于国家监察委员会和国务院、最高人民法院、最高人民检察院在国际引渡合作中相互协调与配合，实现《引

---

〔1〕参见中央纪委国家监委宣传部、中央广播电视总台编著：《红色通缉》，中国方正出版社 2019 年版，第 84 页。

〔2〕萧祷：《外逃 13 年、已拿绿卡，国家监委引渡第一案姚锦旗：外逃生活太凄凉》，载 https：//baijiahao.baidu.com/s?id=1618556347644917079&wfr=spider&for=pc，最后访问日期：2019 年 9 月 21 日。

渡法》与《监察法》的有效衔接。

　　鉴于我国监察委员会在职务犯罪案件中主要行使调查权，在将其确定为引渡合作主管机关之后，最高人民检察院在《引渡法》中承担的部分职能可以考虑与国家监察委员会共同行使，例如，根据《引渡法》第21条的规定，最高人民检察院需审查引渡请求所指的犯罪或者被请求引渡人的其他犯罪是否应当由我国司法机关追诉、但尚未提起刑事诉讼。关于《引渡法》规定的这一审查程序的修改，我们的立法建议是：外交部对请求国提出的引渡请求进行审查，认为不存在明显妨碍引渡合作情形的，将引渡请求书及其所附文件和材料转交最高人民检察院，如果引渡请求所针对的犯罪或者被请求引渡人涉嫌的其他犯罪属于我国监察机关的管辖范围，最高人民检察院应当向国家监察委员会通报相关情况及材料，并听取国家监察委员会的意见。如果最高人民检察院和国家监察委员会经审查认为对引渡请求所指的犯罪或者被请求引渡人的其他犯罪应当由我国司法机关追诉，最高人民检察院在代表请求国向最高人民法院提出引渡请求并转递相关的请求书及其文件和材料时，应当一并提出相关的意见。

　　为了促进和加强国家监察委员会与外国对口机关的刑事司法合作关系，在修订《引渡法》时可以考虑允许我国监察机关为外国引渡请求的提出及材料补充提供一定的协助，也就是说，在对外国引渡请求进行司法审查的过程中，国家监察委员会可以协助请求国办案机关与最高人民检察院以及直接参与引渡诉讼的检察机关进行及时沟通，转递相关的补充材料或者提供其他的法律支持，使得我国检察机关能够更好地代表请求国参加引渡诉讼，提出和支持其引渡请求。

根据现行《引渡法》第 43 条第 2 款的规定，在临时引渡程序中，国务院在征得最高人民法院和最高人民检察院的同意后作出临时引渡的决定，最高人民法院和最高人民检察院需审查临时引渡是否妨碍我国境内正在进行的刑事诉讼。在临时引渡程序问题上，我们建议将国家监察委员会也列为国务院征求临时引渡可行性意见的单位，也由国家监察委员会审查临时引渡是否妨碍正在由监察机关调查的职务犯罪案件刑事诉讼程序的进行，对于此类案件，国务院在征求包括国家监察委员会在内的主管机关意见后作出是否临时引渡的决定。

在主动引渡中，国家监察委员会应当被确定为一个可以以自己的名义提出引渡请求的主管机关，我们建议将《引渡法》第 47 条改为："请求外国准予引渡或者引渡过境的，应当由负责办理有关案件的省、自治区或者直辖市的审判、检察、监察、公安、国家安全或者监狱管理机关分别向最高人民法院、最高人民检察院、国家监察委员会、公安部、国家安全部、司法部提出意见书，并附有关文件和材料及其经证明无误的译文。最高人民法院、最高人民检察院、国家监察委员会、公安部、国家安全部、司法部分别会同外交部审核同意后，通过外交部向外国提出请求。"

## 五、明确关于不判处或者不执行死刑保证的表述

"死刑不引渡"已经成为引渡合作中的一项刚性原则，自 2005 年 11 月 14 日中国与西班牙缔结双边引渡条约起，这一原则就正式被我国立法所接受，该条约第 3 条列举的应当拒绝引渡的理由包括"根据请求方法律，被请求引渡人可能因引

渡请求所针对的犯罪被判处死刑,除非请求方作出被请求方认为足够的保证不判处死刑,或者在判处死刑的情况下不执行死刑"。随后,在我国与一些国家尤其是已废除死刑的国家缔结的双边引渡条约中,这一"死刑不引渡"条款被普遍采纳。在 2005 年之前,虽然我国在与外国开展的引渡合作中已采用个案承诺的方式接受了死刑不引渡规则,然而,对外缔结的引渡条约和刑事司法协助条约一概避讳提及"死刑"二字,往往采用一些间接的表述形式暗喻死刑不引渡规则,比如,"请求方对被请求引渡人可能判处的刑罚与被请求方法律的基本原则相抵触"[1],或者"被请求方法律不允许的引渡"[2]。

在 2000 年我国出台《引渡法》时,虽然立法者已经意识到"死刑不引渡"规则的重要性和必要性,但仍不愿意在有关条款中直接使用"死刑"表述,在关于不适用死刑保证问题上,使用的是"量刑承诺"措辞。虽然"量刑承诺"这一表述可以理解为包含不适用死刑的承诺,但这毕竟是一种理解,在"死刑不引渡"问题上,许多国家的司法机关特别要求提供关于不适用死刑承诺的具体法律依据,如果仅仅通过外交照会承诺不适用死刑,却拿不出确保这一承诺能够得到恪守的明确法律根据,这种承诺可能就会被外国法官认定为"不够充分"。近几年来的不少案件已经证明了这一点。例如,1995 年 7 月 5 日葡萄牙宪法法院在拒绝我国针对涉嫌杀人罪的逃犯杨沃亮提出的引渡请求时认定:中国主管机关作出的不

---

〔1〕 参见 2004 年 11 月 12 日缔结的《中华人民共和国和巴西联邦共和国引渡条约》第 3 条第 1 款第 9 项。

〔2〕 参见 2002 年 6 月 17 日缔结的《中华人民共和国和立陶宛共和国引渡条约》第 3 条第 1 款第 7 项。

适用死刑承诺属于一种政治和外交性质的承诺，而非国内法规则，因此对于国内法院没有约束力。[1]2010 年 5 月 24 日秘鲁宪法法院针对中国请求引渡黄海勇案作出判决，认定中方提供的关于不适用死刑的外交承诺不足以充分确保对黄海勇不适用死刑，因而宣布不得向中方引渡黄海勇。[2]2019 年 7 月 9 日瑞典最高法院作出决定，拒绝了中国针对"百名红通人员"第三号人物乔建军提出的引渡请求，理由之一也是中方作出的不适用死刑承诺没有达到足以允许引渡的充分程度，难以验证这种承诺是否能够得到遵守。[3]

为了使引渡合作伙伴能够接受我国对被引渡人不适用死刑的保证，就必须提高该保证的可信度，使其建立在明确的法律规范基础之上，切忌在实践中做文字游戏，也没有必要"犹抱琵琶半遮面"般语焉不详。因此，应当像在一些双边引渡条约中那样，在我国《引渡法》中增加关于不判处或不执行死刑保证的明确表述，赋予此种不适用死刑的承诺以明确的法律效力，使得相关条款可以在我国对外作出的不适用死刑承诺中被直接援引。这样做既足以让外国看到我国关于不适用死刑的承诺有着明确的法律依据，从而使该承诺在被请求国的审查中能够符合"充分的"这一标准；同时也有助于进一步规范我国司法机关对不判处或不执行死刑承诺的执行，不断提高我国在国际刑事司法合作中的信誉。

---

〔1〕 郑丹阳：《杨沃亮案遭遇死刑不引渡的刚性解释》，载黄风主编：《中国境外追逃追赃经验与反思》，中国政法大学出版社 2016 年版，第 126 页。

〔2〕 罗翊乔：《跌宕起伏的黄海勇引渡案》，载《民主与法制》2017 年第 28 期。

〔3〕 连政：《瑞典拒绝引渡三号红通人员乔建军，外交部回应》，载 https://www.guancha.cn/politics/2019_07_09_508816.shtml，最后访问日期：2019 年 9 月 7 日。

我们建议在《引渡法》第 50 条对关于在引渡后不判处或者不执行死刑的保证加以明确表述。这种保证既包括在为刑事追诉目的而提出引渡请求情况下作出的不判处死刑的保证，也包括在为执行刑罚目的而提出引渡请求情况下作出的不执行已判处的死刑的保证。此外，考虑到在有些涉死刑引渡案件中，我国可以视情况在提出引渡请求时主动地在请求书中保证对被请求引渡人不判处或者不执行死刑，在这里最好用"保证"取代"承诺"一词，以体现这种主动性。具体而言，我国《引渡法》第 50 条第 1 款可修改为："被请求国就准予引渡附加条件的，对于不损害中华人民共和国主权、国家利益、公共利益的，可以由外交部代表中华人民共和国政府向被请求国作出承诺。对于限制追诉的承诺，由最高人民检察院决定；对于量刑的承诺，包括关于不判处或者不执行死刑的保证，由最高人民法院决定。"

第五章
# 从程慕阳案看移民法遣返的证据规则*

　　移民法遣返，是指借助逃犯躲藏地国家的驱逐非法移民的法律措施将外逃人员遣返回国接受刑事追诉，由于这种方式在客观上造成了与引渡相同的结果，因而在理论上也被称为"事实引渡"。[1]尽管移民法遣返的客观结果与引渡相同，但从本质上讲，移民法遣返是遣返国主权范畴事务，从非法移民的认定、难民身份甄别、风险评估到作出遣返决定，都是依据其主权作出的国内法行为。基于人权保护的考虑，各国移民法通常规定不能直接以受到外国刑事指控为由将行为人驱逐出境，而是在所在地国主导和追逃国的配合下启动、完成遣返程序。追逃国无权干涉遣返国的决定，但可以通过按照遣返国的审查标准和要求提供证据或线索、派员出庭作证、协助调查取证、作出有关承诺等方式证明有关人员系非法移民或犯有严重罪行等，积极配合遣返国作出遣返决定。

　　由于移民法遣返措施不受引渡条件和程序的限制，在实践

---

　　* 本章内容系黄风教授与其指导的博士研究生赵卿合作撰写，原标题为"从'程幕阳案'看移民法遣返的证据规则"，曾发表于《法学》2017年第2期。
　　〔1〕 黄风：《境外追逃问题研究》，载黄风、赵林娜主编：《国际刑事司法合作：研究与文献》，中国政法大学出版社2009年版。

中具有较大的自主性、简便性、灵活性，在缺乏引渡条约关系的情况下，利用移民法遣返措施追回外逃人员，不失为一种有效的引渡替代方式。截至 2015 年 11 月底，我国国际追逃追赃工作追回 863 人，其中直接抓捕或遣返 335 人，占 45%；以 2015 年到案的 18 名"红通"人员追逃方式来看，遣返 7 人，占比 39%。[1] 加拿大是我国逃犯的主要藏匿地之一，其较为缜密和复杂的移民和难民制度也为一些外逃人员提供了可乘之机，如赖昌星历时 12 年才得以被遣返。在中加为移民法遣返所开展的合作中，我国提供证据的证明力如何，最终必须得到加拿大司法、行政部门的检验和认定，符合加拿大诉讼程序的审查标准和证据要求，有针对性地清除移民法遣返的障碍。本章以具有较大影响的程慕阳遣返案为样本，对加拿大移民法遣返案件的审查标准和证据规则进行剖析，总结相关的经验与教训。

## 一、程慕阳能否获得加拿大庇护的主要争议点

程慕阳，河北省省委前书记程维高之子，2000 年因涉嫌犯罪经香港特区出逃加拿大，此后一直试图取得加拿大公民身份以逃避我国法律制裁。2015 年 4 月 22 日，国际刑警组织中国国家中心局集中公布"百名红通人员"，[2] 程慕阳因涉嫌"贪污、窝藏转移赃物"犯罪名列其中。

---

〔1〕《大数据 2015（五）：从 68 个国家和地区追回外逃人员 863 人，"百名红通"19 人到案》，载中共中央纪律检查委员会，http://www.ccdi.gov.cn/xwtt/201601/t20160105_72097.html，最后访问日期：2016 年 7 月 16 日。

〔2〕 载公安部国际合作局国际刑警组织中国国际中心局，http://www.mps.gov.cn/n2256936/n4904359/n4904360/index.html，最后访问日期：2016 年 7 月 16 日。

（一）程慕阳在中国境内涉嫌犯罪的基本情况

1994 年，河北省政府决定在北京筹建河北大厦，将选址工作交由驻北京办事处（以下简称"驻京办"）负责。1996 年，程慕阳与时任驻京办主任王某某以及北京市一科技开发有限公司经理苏某某共同谋议，利用王某某负责筹建河北大厦项目的职务便利，采取隐瞒转让底价、获取差额价款的欺骗手段，以苏某某的公司为中介，最终骗取公款计人民币 535 万元。其中，程慕阳分得 280 万元，苏某某分得 255 万元，案发后苏某某所得赃款被追回，程慕阳则潜逃境外。2000 年，王某某、苏某某先后到案并依法审结，二人分别被判处无期徒刑和有期徒刑 15 年。

（二）程慕阳在加拿大寻求庇护的相关程序

早在 1996 年，程慕阳便获得加拿大永久居民身份，2000 年出逃后程慕阳多次提出公民身份申请但均被裁定"禁止入境"。2009 年，程慕阳撤回入籍申请转而谋求难民身份。[1] 2012 年 4 月 19 日，程慕阳提出的难民身份申请被拒绝；2014 年 10 月 31 日，程慕阳难民申请再次被难民保护庭拒绝，法官认为其在加拿大之外犯"严重的非政治犯罪"，不属于《联合国关于难民地位的公约》（以下简称《难民公约》）规定的难民。同年 11 月，程慕阳向联邦法院提出司法审查申请。加拿大渥太华联邦法院于 2015 年 6 月 23 日在温尼伯开庭聆讯，并于 2015 年 7 月 15 日裁定程慕阳司法审查获胜，将有关庇护申

---

[1] 陶短房：《程慕阳的昨天、今天和明天》，载《各界》2015 年第 7 期。

请发回难民保护庭重审。[1]目前，程慕阳案仍在难民法庭重新审查阶段。

在加拿大，负责移民法遣返的主管机关，除各级联邦法院外，还包括边境管理局，公民、移民与多元文化部及移民与难民事务委员会。其中，公民、移民与多元文化部对移民和难民事务负有全面责任，不论是在加拿大本土还是在加拿大驻外使领馆内提出的难民申请，都由其首先进行审查。移民与难民事务委员会则是加拿大最大的独立行政法庭，其责任是对移民和难民事务作出理由充分、高效和公平的裁决。移民与难民事务委员会配置在公民与移民部之下，协助推动移民与难民管理业务，下设难民保护庭、难民上诉庭、移民庭和移民上诉庭。该委员会独立于公民、移民与多元文化部部长之外，具有保持独立运作和不受行政机关干扰的准司法特性，负责对移民事务作出公平裁决。其中，难民保护庭受理各类难民保护申请案件，承办难民申请案件的法官具有高度独立性。

加拿大《移民与难民法》对难民保护申请、资格确认、强制遣返等规定了行政程序和司法程序：①行政程序——境外的人向边境管理局、境内的人向移民官员提出申请，经审查后认为可以得到难民保护庭的听证审查，便将该申请予以提交；难民保护庭裁定属于公约难民或需要保护的人，应批准难民保护申请；反之，认为没有可信或可靠的证据，则驳回申请。若申请人不服该决定，可向移民与难民事务委员会的复议处提出复议。②司法审查程序——若申请人不同意难民法庭作出的裁

---

〔1〕　See Mo yeung Ching v. The Minister of Citizenship and Immigration, IMM-7849-14, 2015 FC 860. 以下关于本裁决书的注释，均参见本注释。

定，可向联邦法院提出司法审查申请（也可向难民法庭提出上诉）。若对联邦法院裁决不服，可以向联邦上诉法院上诉；对联邦上诉法院的裁决不服，还可以将案件提交到最高法院。若申请人的难民保护申请最终被认定为不符合提交难民保护资格，申请人将可能基于风险评估而被签发遣返令。但若申请人对该风险评估有异议，仍可以继续走难民法庭裁决或司法审查的程序。

（三）程慕阳案的诉讼争点

加拿大是典型的移民国家，具有较为缜密和完备的移民和难民保护制度。根据加拿大《移民与难民法》规定，外逃人员往往因为非法获取居留身份、严重犯罪原因等被撤销其"合法"居留身份或拒绝给予难民保护而可能面临遣返。而程慕阳移民法遣返案存在争议的问题是：是否能够认定程慕阳在中国实施了"严重的非政治犯罪"，即是否具有申请难民保护的资格。

加拿大就是否给予"难民保护"规定了两类实质性条款：一类是肯定性、包括性的条款，即"公约难民"[1]和"需要保护的人"[2]，符合前述条件之一的，即可申请并获得难民

---

〔1〕 加拿大《移民与难民法》第96条规定：公约难民是指，有正当理由畏惧因种族、宗教、国籍、属于某特殊社会团体成员或持有某种政治见解等原因而遭到迫害，（a）离开自己所属的国籍国，不能或由于该畏惧而不愿利用所有这些国家保护的人；或（b）没有国籍国，离开原常住地所在国，不能或由于该畏惧而不愿返回该国的人。

〔2〕 加拿大《移民与难民法》第97条规定：①需要保护的人是指，已在加拿大境内，被遣返回自己的国籍国，或没有自己的国籍国，被遣返回原常住地所在国，本人将面临下列风险的人：（a）有充分理由认为存在的《禁止酷刑公约》第1条意义上的酷刑风险；（b）生命危险，或下列情形下残酷与非正常待遇或处罚风险：（i）该人不能利用该国的保护，或由于该风险不愿利用该国的保护；（ii）该人在该国任何

保护，并可据此在加拿大永久居留。另一类是否定性、排除性的条款，即根据《难民公约》认定具有一定情事足以认为"存在着重大理由"的，如在加拿大境外犯过"严重的非政治犯罪"，将拒绝给予难民保护。[1]对于这两类条款的位阶关系，赖昌星案的难民法官予以明确：在法律适用上应先适用排除性（否定性）条款，其后才适用包括性（肯定性）条款。[2]因此，在程慕阳案中，难民法庭和联邦法院都注意到，首要的问题是：程慕阳涉嫌在中国境内共同贪污行为中直接实施作假和欺骗行为，是否足以认为程慕阳在中国实施了"严重的非政治犯罪"。

加拿大的成文法并未直接规定"严重的非政治犯罪"的内涵和外延，只在加拿大《移民与难民法》中对"严重犯罪"进行了界定。该法第 36 条第 1 款第（c）项规定，若行为人在加拿大境外实施的行为在实施地构成犯罪，该行为如在加拿大境内实施，构成议会法规定的最重可处 10 年监禁以上的犯罪

---

地方都面临该风险，且该国的其他人或该国境内的其他人并不面临该风险；（iii）除非不顾公认的国际准则实施法律处罚外，该风险并不是法律处罚所固有的或附带的；（iv）该风险并不是由于该国不能提供充分的医疗保健引起的。②在加拿大境内属于条例规定的需要保护的人类移民的人员，也是需要保护的人。

〔1〕　加拿大《移民与难民法》第 98 条规定：《难民公约》第 1 条第 E 款和第 F 款规定人员不属于公约难民或需要保护的人。加拿大是"难民公约"签署国。该公约规定：……（E）本公约不适用于被其居住地国家主管当局认为具有附着于该国国籍的权利和义务的人。（F）本公约不适用于存在着重大理由足以认为有下列情事的任何人：（a）该人犯了国际文件中已作出规定的破坏和平罪、战争罪或危害人类罪；（b）该人在以难民身份进入避难国以前，曾在避难国以外犯过严重非政治罪行；（c）该人曾有违反联合国宗旨和原则的行为并经认为有罪。

〔2〕　王勇：《赖昌星"难民"案的法理评析——兼论加强我国国际刑事司法合作的几点思考》，载《法学》2002 年第 10 期。

的，属于因严重犯罪原因禁止入境。

根据指控，程慕阳涉嫌的犯罪在加拿大可能构成议会法规定的最重可处 10 年监禁以上的犯罪，符合"严重犯罪"的标准。若加拿大难民主管机关提供的证据能够证明其涉嫌的罪行，程慕阳就会因"严重非暴力犯罪"问题被拒绝给予难民保护而可能面临遣返。加拿大难民主管机关以中国法院作出的两份刑事判决书作为证据，证实程慕阳在中国涉嫌贪污犯罪并参与分赃；程慕阳则提出并未实施犯罪，被控犯罪系政治犯罪，符合加拿大《移民与难民法》第 96、97 条规定的"难民"条件，应当得到难民保护。

在明确这一诉讼争点的前提下，难民法庭和联邦法院均围绕审查难民主管机关提供的证据是否达到加拿大法律要求的审查标准和证据要求进行裁决。我国提交的国内法院的一审、二审判决书被作为重点审查对象。之后，难民法庭基于该两份判决书，认为程慕阳在加拿大境外实施了严重的非政治犯罪，裁定拒绝给予难民保护。其后，程慕阳对该裁定提出司法审查申请。联邦法院审查加拿大难民法庭的裁决后指出，虽然贪污行为本身具有隐蔽性，但同时也注意到"难民法庭自身承认证据是模糊的"，认定加拿大难民法庭在程慕阳缺席审判的情况下，单纯依据中国法院两份判决书，认定程慕阳涉嫌"严重的非政治犯罪"，从而作出拒绝程慕阳难民庇护申请的裁定，实际上并未达到"合理相信"的证明标准，未能遵循"公正、透明和可理解的"裁定程序，其结果不符合"合理性"的审查标准，裁定程慕阳胜诉。

由于难民法庭在裁定难民保护申请案件时，不受任何法律上或技术上的证据规则的制约，并可自行采纳其真实可信的证据。那么，对于这类移民法遣返案件，难民法庭和联邦法庭遵循怎样的标准进行审查？严格到何种程度？对证据采取什么样的证明标准和具体要求？我国提供的证据材料存在哪些问题以致被否定？程慕阳案的裁决理由全面阐述了这些问题，对此我们进行了梳理和聚焦，分别从加拿大移民法遣返案件的审查标准和证据规则这两个维度进行分析。

## 二、加拿大移民法遣返程序的审查标准

如前所述，加拿大难民法庭独立于难民行政主管机关，拥有行政法庭的角色定位。为保证行政机关依法行政，并在维持司法权和行政权关系平衡的趋向下，国外许多国家都通过立法或法院判例的形式设计了复杂的审查制度并发展了相应的理论和学说，形成了各具特色的审查标准。在加拿大，行政法庭"兼具国家行政和司法双重色彩"，高级法院对于行政法庭具有监管职责，其目的是为了保证行政法庭的活动保持在其司法裁判权范围内。然而，高级法院的监管权和变更权也不是完全没有限制的。高级法院在行使宪法所赋予的司法审查职能时，不仅要严守法律，还要避免不合适地干涉国会和立法机关委托行政机构完成事务时所需履行的行政职能。[1]

法院对行政决议的变更权因此被限制在事关合法性、公平性与合理性的问题上，法院同时制定了相关的审查标准，用以限制行政判决领域的司法能动主义。加拿大联邦最高法院经过司法判例，总结出了两类审查标准，即"正确性标准"和"合理性标准"。"正确性标准"适用的问题"属于一般法的范

---

[1] Dunsmuir v. New Brunswick, 2008 SCC9, [2008] 1 S. C. R. 190, para. 27.

畴，同时必须是至关整个法律体系的基本问题，且在裁判者专业领域以外"；"合理性标准"则通常适用于涉及事实、政策方向以及那些在行政法庭专门领域内的问题。[1]在程慕阳案中，加拿大难民法庭和联邦法庭均指出，其作出的裁定应当符合加拿大法律要求的"合理性"（reasonableness）。可见，对于此类移民法遣返案件，难民法庭和联邦法院进行司法判断依据的标准是"合理性标准"。

关于"合理性标准"的界定：Notario 案和 Dunsmuir 案的裁决观点曾指出：合理性，很大程度上是指有理、清晰和明了的裁决过程，同时也指裁决的结论是可能的、可接受的结果，在事实和法律认定方面具有谦抑性。最高法院在 Treasury Board 案[2]中进一步阐释：司法审查遵循两个不同的分析路径——一个是对于理由，另一个是对于结论。这是一个更加有机的过程——理由应当与结论结合起来进行考量，并服务于结论能否在可能的范围内产生这一目的。因此，难民法庭在作出裁定时，应当寻找"作出合理的裁定的品质，包括细致分析原因和得出结论的过程，即对于合理性的审查要求是作出的裁定应当是合理的，同时包括明确的原因和结论"。

据此，我们认为，"合理性标准"的基本内涵至少包含两方面内容：

第一，裁定结论应当依据"有理、清晰、明了的裁决过

---

〔1〕 Ibid. , para. 60; para. 68. 转引自 Martine Valois：《加拿大行政法：历史、原则以及当代面临的挑战》，载孔庆江主编：《国际法评论》（第 4 卷），焦杰译，清华大学出版社 2013 年版，第 378~379 页。

〔2〕 Newfoundland and Labrador Nurses' Union v. Newfoundland and Labrador (Treasury Board), 2011 SCC 62, 〔2011〕3 SCR 708.

程"作出。英美法系国家历来重视程序正义，如日本学者谷口安平指出，"程序的正义观是以发生、发达于英国法并为美国法所继承的'正当程序'思想为背景而形成和展开的，其思想系谱可溯及 1216 年制定的英国大宪章。"〔1〕对程序公正的重视，不仅是对公民的参与权、知情权和监督权的保障，而且也使得司法判断的合理性得以加强。程序公正是现代加拿大行政法的基石。公共政策决策者在作出影响人们权利、特权或利益的决定时应当保持公正。这一原则很容易理解，但是不容易实现，正如屡次被重审的：程序公正的含义显著不同，其具体内容要求在不同案例中也不同。这就要求在作出司法判断时，不仅要法律适用准确，即根据适当法律渊源——法律、部门规章、国际法和宪法价值——作出裁定，还要确保当事人各方享有平等的权利，如受案范围、取证质证、开庭聆讯等程序权利，同时裁决也应该是公开、有序、不带有偏见的过程。这种程序是实质意义上的程序正当，尽管在不同背景下，程序公正的实现方式不同，但都应当遵循自然正义原则，具有有理性、清晰性和明了性。

第二，实体要求，要求得出的结论是"可理解、可接受、具有适当说服力，令人信服的"，即裁定结论应当具有事实和法律方面的根据。如果行政机关的决定是基于合理根据，不是出于专横与任性，法院就应当肯定行政机关作出的决定是合理的，具有法律效力。

总体来看，"合理性标准"体现了对行政机关权限和事实

---

〔1〕〔日〕谷口安平：《程序的正义与诉讼》，王亚新、刘荣军译，中国政法大学出版社 1996 年版，第 4 页。

认定的充分尊重。由于行政机关具有专门知识和经验，例如在难民甄别这一专业性、政策性较强的行政事务中，难民主管机关对争论事实的证明和裁断具有最强的判断力量，法院不能用自己的判断代替行政机关的判断，只能从其理由和结论来判断是否合理和公正。合理性的判断和正确性的判断不同，所谓合理或不合理，其主观价值判断很强。正确性的判断可能是唯一的，但合理性的判断则可能同时存在几个。但是只要符合任何一个合理的标准，即依据"公正、透明和可理解的裁决过程"，得出了"可能的、可接受的结果"，即使法院不同意行政机关的决定，也需对其职能和权限予以尊重。

此外，"合理性标准"是一个要求相对较低的标准。根据加拿大司法判例，"正确性标准"强调行政行为"正确"结果的"唯一性"，即行政行为的结果被认为只能有一个，那么，法院就需对所有的法律问题和事实问题进行全面、严格的审查以寻求行政行为的"标准答案"，这无疑是项严格的审查标准，致使司法审查常常重复行政程序，法院事实上承担起了行政执法的职能，不仅造成司法资源浪费，更模糊了司法权与行政权的界限，一定程度上打破了二者之间的平衡。伴随着大量专业性、技术性行政诉讼请求问题的出现，基于法官专业知识、司法资源有限等，愈加强调法院对行政机关专门知识、事实认定的尊重态度。法官的角色是确定行政决策者可以自由选择作出合理结果的界限。在合理性标准下，存在诸多法官对行政决策审查的限制。因此，"合理性标准"的审查目的不是在于发现一个唯一正确的答案——即法官自己的答案，或决定行政行为与正确答案之间的距离，而只要求行政决定有可能正确，达到一个"良好判断"即可。显然，相对于"正确性标准",这是一个较低要求的审查标准。

然而,就程慕阳案而言,即便是这样一种要求较低的标准,我国主管机关所提供的证据也未完全达到。在程慕阳案中,由于中方提供的证据材料主要是针对程慕阳案共同犯罪人的刑事判决书,因而,加拿大法院也把目光集中在已发生的有关审判问题上,并基于合理性审查标准提出了一系列质疑。

在诉讼程序方面提出的质疑有:①程慕阳未在中国出庭受审。据我们统计,裁决书共 15 次提到了未"出庭受审"或"聆讯"。其中,指向程慕阳未出庭受审达 10 次之多。②中国法院对程慕阳的 2 名同案犯的庭审持续不到一天时间。③未经抗辩程序,中国法院判决书中载明的 10 名证人中仅有 1 名出庭作证,且该出庭证人重要度不够。④除 1 名出庭证人之证言外,均系书证和言词证据。⑤中国法院判决书对证人证言的表述方式。中国判决书中只有证人证言摘要,即只是证据概述。其中,核心问题是程慕阳未在中国出庭受审。

在案件实体方面,联邦法院在对事实进行审查时,认为难民法庭实际上并没有获得中国方面的具体证据,所依靠的只是中国法院针对程慕阳的两名同案犯王某某、苏某某所作的一审和二审判决,且这两份判决并非直接针对程慕阳本人。判决书中一再提到程慕阳"从 535 万元中分得了 280 万元",但都只有笼统的一句"根据相关证据",并未给出任何可能的具体的细节,其判决本身并未显示判定依据的是什么证据,这些证据指向的又是程慕阳哪些具体的欺诈行为亦是不清晰的,整个交易中看不出有何欺诈存在。纵观两份判决,尽管程慕阳的名字被不断提及,但他除了将王某某与苏某某之间进行介绍并推荐法律顾问这一作用外,未见其他进一步参与犯罪过程的描述。

虽然贪污行为本身具有隐蔽性，但程慕阳在整个犯罪行为中的责任和角色是不清晰的，相关证据都未能给予可信服的法律上的结论。

因此联邦法院认为，"很难理解支持程慕阳是共犯这一指控的证据是什么？"中国法院的判决中存在以上诸多不清楚、让人困惑之处，因而无法进行判断，即使王、苏的犯罪成立，也无法得出程慕阳系共犯的结论，因此最终裁定难民法庭的结论并非可能的结果，不具有说服力，无法满足合理性审查标准。

### 三、认定涉嫌"严重的非政治犯罪"所遵循的证据规则

诉讼证明是一种回溯性证明。由于案件事实已然发生，不能重新来过也不能通过实验来检验，只能依靠现有证据，通过逻辑推理、依靠一定标准进行事实认定。因此，事实认定是诉讼证明的中心活动，证明标准是这种活动的基本指引——夸张一点说，是一根"定海神针"。[1]在英美证据法中，大量被纳入司法裁判领域的证据规则，都存在着与之相适应的证明标准。在某种意义上，只要法院启动一项司法裁判程序，就要验证某一待证事实的真实性，也因此会适用特定的证明标准。不同的诉讼程序，采用不同的证明标准。一般来讲，优势证明标准适用于民事诉讼案件，排除合理怀疑适用于刑事诉讼案件。如前所述，司法机关在审查行政机关认定的事实问题上应该自

---

[1] 周洪波、缪锌：《模糊的刑事证明逻辑——关于〈最高人民法院关于适用《中华人民共和国刑事诉讼法》的解释〉的证据规则评析》，载《西南民族大学学报（人文社会科学版）》2015年第1期。

制，防止对行政权的侵犯，难民法庭在性质上是行政司法机关，具有准司法性质，难民法官具有独立性，其对难民案件的审理不是刑事审判，也不是民事裁决；对难民案件的司法审查，亦是在尊重难民主管机关职能和权限的前提下开展的司法救济，因此，二者的证明标准，均不同于加拿大国内刑事审判或民事审判的证明标准。联邦法院在程慕阳案的司法审查裁决书中明确指出：目前加拿大（难民法庭审理此类案件）的证据标准至少超出"单纯的怀疑"，但不像"可能性的平衡"的民事证据标准那么高，是在"怀疑"与"可能性的平衡"范围之间的"合理相信"。

（一）证明标准的要义

1. "合理相信"的基本含义

联邦法院在裁决书中指出：《难民公约》第 1 条第 F 款（a）项规定，应判断是否存在"重大理由"以认定曾犯战争罪、侵犯人类罪或危害和平罪，这一排除性条款应遵循更具有复杂性的特殊证据标准："重大理由"显然为其排他性引入了更高的检验标准，即需要存在"怀疑的合理依据"。在这里，"重大理由"的含义更接近于"相信"而非"怀疑"，即所谓的"合理相信"。这种"合理相信"，需要更清晰指向命题的信念，这种信念是内心的倾向性同意，而不是拒绝、主张；该理由，视不同情况引导内心的倾向意见，去除推测和猜想。在程慕阳案中，联邦法院认为，由于除涉及程慕阳的两份判决书以外，难民法庭并没有其他证据，也从未取得、检验两份刑事判决书中证据目录所列的证据，难民法庭只是表明"或许有"足够证据，而不是"已经有"足够证据提交给法庭的确信，便自认为该标准超出"存在重大理由足以认为犯了严重的非政治犯罪"的标准，但这实际上是对"合理相信"证明标准的误解，难民法庭依据的证明标准只是更接近于"合理怀疑"，而不是"合理相信"。

2. "合理相信"的可信度范畴

在英美法系国家，证明标准具有层次性，其在证据规则选择问题上总的原则是："犯罪的性质越严重，必要的证据最低要求就越高。"[1]例如，美国证据法针对不同的待证事实，由高到低确立不同等级的证明标准，分别为理论上的"绝对确定性"（absolute certainty）——达到100%的确信度、"排除合理怀疑"（beyond a reasonable doubt）——相当于达到95%以上的可信度、"清晰而有说服力的证明"（clear and convincing proof）——相当于80%的可信度、"优势证据"（preponderance of evidence）——相当于50%以上的可信度、"有理由的怀疑"（reasonable suspicion）——相当于30%以上的可信度、"单纯的怀疑"（mere suspicion）——相当于10%左右的可信度、"合理的疑点"（reasonable doubt）——相当于5%左右的可信度、"无信息"（no information）相当于0%的可信度。其中，"单纯的怀疑"被用来证明启动侦查或者大陪审团调查程序的证明标准；"优势证据"属于一般的民事诉讼证明标准，被用来作为被告方证明积极抗辩事由的证明标准。[2]因此，"合理相信"证明标准的可信度是在10%~50%之间。显然，这是一

---

〔1〕 ［英］塞西尔·特纳：《肯尼刑法原理》，王国庆、李启家译，华夏出版社1989年版，第548页。

〔2〕 参见［美］罗纳尔多·V. 戴尔卡门：《美国刑事诉讼——法律和实践》，张鸿巍等译，武汉大学出版社2006年版，第539页及以下。

个可信度要求较低的标准。

3. 该证明标准区别于引渡司法审查的证明标准

一般而言，大陆法系国家以"足够嫌疑"为引渡司法复核的证据标准，而英美法系国家则大多坚持以"充分证据"作为引渡司法复核的证据标准。[1]"充分证据"标准是指引渡请求国提供的证据应当足以证明被请求引渡人在被请求国境内实施据以请求引渡的犯罪会受到审判。而难民保护申请案件，一国只需证明某一外国人不符合难民申请的条件，即可否定其难民身份的认定而将其遣返，而且对证明方面的要求也明显比加拿大《引渡法》中的要求低。[2]在程慕阳案中，联邦法院表明了一种不同于引渡等其他事项的证明标准，明确指出理由的充分性并不是质疑法庭裁定的独立理由。显然，联邦法院将评判证明标准的注意力集中在据以得出结论的证据的"品质"上，不能通过模糊的、"三手"的或单一的证据评价庇护申请人的行为，而要确定地达到"合理相信"的程度。

根据该证明标准，若认定程慕阳涉嫌在中国犯了"严重的非政治犯罪"而拒绝给予难民保护，据以证明的证据需能清晰证明程慕阳的参与行为符合加拿大相关法律规定，能够产生内心确认其罪行的倾向性意见，但在本案中支持这一标准的证据并不明确：其一，证明程慕阳身份、在共同犯罪中具体地位和作用的证据不清楚。如无法证明程慕阳是参与其中，还是仅在王苏二人之间牵线搭桥？二审法院何以认定程慕阳实际控

---

〔1〕 薛淑兰：《引渡司法审查实务若干问题研究》，载《法律适用》2008年第Z1期。

〔2〕 赵秉志、商浩文：《运用移民遣返措施追捕外逃涉腐犯罪嫌疑人之路径与难点》，载《江西社会科学》2014年第2期。

制苏某某的中介公司？其二，证明犯罪故意的证据不清楚。中国法院判决书认定王某某与程慕阳、苏某某签订《项目转让及补偿协议》，但并未进一步证明该交易为何具有欺骗性。其三，程慕阳与其同案犯取得、转移赃款过程不清楚。如并未清晰证明为何燕山公司被要求支付账款？为何王某某能够要求燕山公司进行支付？苏某某的中介公司为何能够通过起诉、申请仲裁方式要求河北省政府支付剩余款项？其四，其他事实不清之处。如中国法院一方面认定涉案地产实际是通过其他真正权利所有人转移的，又为何同时认定苏某某控制了转让权？涉案项目交易签署的协议中，苏某某的中介公司地位完全不清楚，也没有任何迹象表明该公司拥有实际转让权。因此，仅凭中国法院认定程慕阳分得 280 万元的判决，无法认定程慕阳在共同贪污案中直接实施作假和欺骗行为，无法判断这笔钱是分赃还是"佣金"。

（二）证据审查的具体要求

依据不同的证据标准，证据审查的具体要求也必然不同。在程慕阳案中，加拿大联邦法院法官对证据属性和证据材料要求进行了充分的阐释。

对于证据属性的要求，主要包括：①关联性。即证据与案件事实应当存在实质性的联系，能够清晰地证明事实。"证据应当针对在审查中的事实，并应在调查的目的所需要的范围以内。"[1]即诉讼一方应当提供主要的、重要的证据，可以证实所有与争议事实有关的情况，而不能去证实别的问题，或寻求

---

〔1〕［美］阿瑟·库恩：《英美法原理》，陈朝璧译注，法律出版社 2002 年版，第 78 页。

非次要的证据支持。在程慕阳案中，联邦法院指出：难民法庭过度依赖于出庭证人杨某的证言、对程慕阳辩解的单纯否定等，都非积极证明诉讼争点的表现，这些都无法积极地、直接地认定为何程慕阳实施了"严重的非政治犯罪"。其次具有证明力。证据应当具有这样的能力，即依事物间的逻辑或经验关系具有使实质性问题可能更为真实或不真实。证明力是一个经验和逻辑的问题，由事物与事物之间的客观联系所决定。[1] 联邦法院对难民保护庭依赖中国法院的判决书这两份证据所形成的"事实"提出了多处质疑，显然，这些证据无法使其主张的事实问题——程慕阳涉嫌"严重的非政治性犯罪"的存在成为可能。②合法性。是指证据必须具备法定形式，由法定主体按照法定的程序收集和运用。应当是第一手证据或满足法律特别要求的第二手证据，即直接的、原始的证据。基于证据价值和司法政策的要求，英美法系国家还设置了多种证据法则对证据范围进行严格限制，如传闻证据排除法则、最佳证据规则等。依据这些规则，法官采纳的证据，一般应当是原始证据，除非法律有明确规定，传闻证据或者第二手证据不得采纳。程慕阳案中，联邦法院指出难民法庭所依据的中国法院判决书是"第三手证据"，并且实际上难民法庭也并没有取得中国刑事判决书证据名单列明的各项证据，这些都被认为不具备证据的法定形式。

　　证据材料还应当具备以下要求：①充分性。不能要求一个证据便能充分证明待证事实，但更不能仅依赖于次要证据。依

---

　　〔1〕　张建伟：《指向与功能：证据关联性及其判断标准》，载《法律适用》2014年第3期。

照数量法则规定，如主要的证明对象，须有两个证人证明；某种证人（如共犯）的证言，须有其他证据加以补强等。联邦法院认为，难民法庭的决定必须在充足的证据基础上作出，其裁定发回重审的重要原因之一就是缺乏证据，其裁决理由单纯依赖于中国法院的判决书。②可检验性。首先，前后关联的质证检验。对证据的审查，不是孤立地评判，应当将具有以上特质属性的证据进行综合的、前后关联的质证检验，类似于我国刑事诉讼所要求的证据间能够相互印证、形成证据锁链。在程慕阳案中，联邦法院即指出难民保护庭除掌握两份中国法院的判决书外，再无其他任何具体的证据，"不只是中国法院据以作出判决的证据没有被检验，由于并未得到证人证言，因此未能对其严格审查。"③逻辑性。"一项证据是通过逻辑或经验联系而与待证命题相联结的。"〔1〕在进行司法判断时，应当正确分析把握而不能混淆事实之间的逻辑关系，更不能随意将欲证明的"此问题"代替应当证明的"彼问题"。如在程慕阳案中，难民法庭相当一部分裁决理由讨论中国司法机关追诉程慕阳的动机问题，指出该动机系针对程慕阳之父的说法不具有可信性。联邦法院认为，"难民法庭的职责是寻找是否有严重的理由认为犯罪发生。"而不是在外围寻求证据支持，"考察司法机关对一个人起诉是否具有政治动机，并不得出这样的结论：有证据表明没有出庭受审的程慕阳犯下严重罪行。"

---

〔1〕 ［美］米尔建·R. 达马斯卡：《漂移的证据法》，李学军等译，中国政法大学出版社2003年版，第76页。

## 四、程慕阳案带来的反思与启示

司法证明是发现案件事实的认识过程，而审查标准和证据规则的功能就是完善或保障这一过程，本案充分证明了"现代英美证据法不仅仅关注事实认定准确性问题，而且还注重保护各种外在司法证明程序的目标"[1]。由于各国在司法制度、经济文化、意识形态等方面的差别性，国际刑事司法合作的有效开展必定以尊重国际通行规则的法律制度为前提，需要我们"善于研究和利用国际法规则以及被请求国的相关法律制度，制定切合实际的策略并采用合法有效的运作手段"[2]，以便更加深入、细致地配合所在地国各项审查工作，推动国际追逃追赃工作不断取得新进展。

根据加拿大《移民与难民法》，"外国人能否获得难民保护是由专门的执法机关——公民与移民部决定的，司法复核程序只是对相关执法活动的监督和保障，但不会越俎代庖裁决是否给予难民保护。"程慕阳案中，加拿大法官并未就程慕阳提出的避难申请作出实体性决定，并非旨在对中国的司法制度公正性提出质疑或作出评价，更没有认定该避难申请符合难民保护条件，而只是依其审查要求和证明标准审慎、细致地分析难民保护庭作出裁定的依据和理由，反复强调：必须找到确凿的证据，即要有可靠、可信的理由证明程慕阳案已经严重到不予考虑难民申请的程度。根据前文分析，在加拿大移民法遣返程

---

〔1〕　樊传明：《自由证明原理与技术性证据规则——英美证据法的前提性假设和两种功能解释》，载《环球法律评论》2014年第2期。

〔2〕　黄风：《建立境外追逃追赃长效机制的几个法律问题》，载《法学》2015年第3期。

序中，"合理性标准"是较"正确性标准"的要求程度低，是司法谦抑性的体现，只要行政机关据以作出裁定的理由具有适当的说服力，行政决定具有正确的可能性，就应当给予尊重。与此相关，该审查标准要求的"合理相信"的证明标准也低于刑事诉讼和民事诉讼中的证明标准，只要求能够使得法官排除推测和猜想，形成内心的倾向性意见。对证据材料的要求也不是过于严苛，证据材料符合法定形式，具有证据的证明力即可。即便如此，我国提供的证据材料在审查中被反复质疑，也最终导致了程慕阳案的发回重审。

若要达到认定程慕阳涉嫌"严重的非政治性犯罪"而拒绝给予难民保护，从而为遣返铺平道路的目的，就需要证明程慕阳的行为符合加拿大有关犯罪的基本构成要件，还要达到"严重犯罪"的刑期要求。根据我国《刑法》，程慕阳涉嫌"贪污、窝藏转移赃物"。在加拿大的移民法遣返程序中，我国提供程慕阳同案犯王某某、苏某某的一审、二审判决书作为证据旨在证明程慕阳涉嫌与他人共谋，利用他人的职务便利，骗取公款500余万元，并占有其中280万元。加拿大没有专门的"贪污"罪名，加拿大《刑法典》规定了8个在加拿大实施的与腐败和贿赂有关的具体犯罪，最高刑可处14年监禁。实施腐败和贿赂的人在一些情形下也可能被指控勒索（最高刑为终身监禁）、诈骗（最高刑14年），或盗窃（最高刑10年）。此外，加拿大《刑法典》还规定了其他的犯罪，也可适用于腐败或贿赂已经发生的情形，如第462.31条——犯罪收益洗钱罪，该罪（最高刑可处10年监禁）是指故意转移、处置或处理来源于加拿大境内或境外的上游犯罪中的任何财产或收益。腐败和贿赂属于上游犯罪。[1]根据加拿大《刑法典》，程慕阳涉嫌犯罪的核心在于贪污行为是否发生，如果确实发生，程慕阳是否采取欺骗性手段从中牟利？但是，针对我国提供的证据，加拿大法官提出一系列质疑，认为事实不清晰、证据不充分，无法达到加拿大法律要求的证明标准和材料要求。

究其原因，当然不乏中加两国司法制度差异的原因，如对我国刑事判决书中只罗列证人证言摘要、证人不出庭率低、"和谐的检审关系"；亦有客观原因，如程慕阳因其外逃而未能出庭受审，只能依据我国司法惯例，由当地检察机关将其作为"同案犯"起诉，即在指控犯罪事实中注明程慕阳姓名和在逃的状况。尽管加拿大法官强调并没有质疑中国法院的判决，国外法院实行的诉讼程序与我国的抗辩制不同，但同时指出盎格鲁-撒克逊传统受益于对抗程序，并直接引用美国最高法院在45年前的陈述——"抗辩程序是我们刑事司法制度的重要方面。其优越性体现在：已成为在任何案件中实现正义的方式。"程慕阳缺席中国的审判这一问题反复被提及，最终致使不能满足审查要求，而被发回重新聆讯。应当看到，尽管中加两国的司法制度和证据规则有很大不同，但导致加拿大联邦法院认可程慕阳案司法审查申请的根本原因还是在于我方提供证据时带有一定随意性，带有刑事司法思维方式的"想当然"，以及对国外司法制度、审查标准和证据规则把握不够到位，准备不够充分，从而造成被动局面，这些都应当在国际合作中引起重视并加以克服。

---

[1]　Gerry Ferguson：《加拿大惩治腐败的努力和决心》，王水明译，载《犯罪研究》2006年第6期。

在重新聆讯阶段，诉讼争点应仍然集中在程慕阳是否在国内实施了"严重的非政治犯罪"上。根据双重犯罪原则，我们应注意研究加拿大对贪污、窝藏、转移赃物犯罪的相关法律规定，尤其针对联邦法院对案件事实的质疑和证据材料的要求，进行补充和完善。我们认为应注意以下三点：一是明确主要证明事项，确保达到"合理相信"的程度。如关于程慕阳及其同案犯作案时的身份；程慕阳分别与苏某某、涉案中介公司之间的关系；程慕阳与其同案犯关于骗取涉案款项的具体谋议内容；程慕阳获取、转移赃款的具体行为等。二是注重收集证据的全面性，确保符合证据材料的要求。在司法审查裁决书中，加拿大法官要求难民主管机关获取中国法院判决书证据目录上的证据并加以审查核实，因此除被告人的供述外，还应提供相应的证人证言、项目协议书、公司工商登记文件、营业执照、赃款转移凭证等证据。三是完善提供证据的方式，确保证据最大限度被采用。由于我们系为追逃追赃目的而参与加拿大难民案件审理程序，只需提供我国在有关诉讼活动中所掌握的证据文件，根据加国要求，提供原件或概要件，为确保这些文件材料被加拿大方采纳，在进行翻译的同时，还应说明证据材料均可用于审判，系严格依照加拿大法律规定的程序获取。总之，不仅在内容上能够证明程慕阳基于欺诈故意，与他人共同实施了贪污行为，分得了巨额赃款并进行转移的犯罪事实；在形式上也应当符合加拿大刑事诉讼"正当程序"的要求，以最大限度地增强证据的可靠性和可信度，使其无可辩驳，为难民法庭作出裁决提供支持。

中加两国的司法制度和证据规则有很大不同，如加拿大法官对我国刑事判决中证据采信规则、证人证言摘要列举式的书写体例等问题均提出了疑问。目前，我国没有专门的证据法，目前我国证据规则体系立法的现状是：一方面，规范证据能力的规则不仅数量有限，而且质量不高；另一方面，规范证据证明力的规范却形成了庞杂的体系，占据了证据规则体系的主干地位。[1]而从国际趋势看，两大法系的证据规则的差距在逐渐缩小。例如刑事证据规则，我国 2012 年《刑事诉讼法》引入"排除合理怀疑"来解释作为定罪量刑证明标准的"证据确实、充分"，但由于"案件事实清楚，证据确实充分"的证明标准是一个主客观相结合的证明标准，是"结论唯一"的证明，"结论唯一"的确定性为 100%，至少应是 99.99%。[2]这显然与"排除合理怀疑"的可信度要求不符，也由此带来诸多困惑和理解上的混乱。我们认为，应当进一步完善我国现有证据规则体系，形成统一的调查取证、证据采信标准和证据排除规则，加强证据的相关性规则、传闻证据规则等的研究和实践；同时加强比较证据法的研究，推动国际追逃追赃工作中涉及的不同法域、不同诉讼程序的证据规则的研究和相关证据法律冲突的解决，确保今后开展移民法遣返和其他国际刑事司法合作更加顺畅。

除以上针对移民法遣返措施开展的各项工作外，还应当注重把握目前有利情势，充分利用相关规定，采取多样化的追逃追赃措施：一是充分利用国际情势，粉碎嫌疑人的逃罪企图。2015 年以来，我国启动"天网行动"，集中公布 100 名涉嫌犯

---

〔1〕　聂昭伟：《证明力与证据能力规则演变规律探究——我国证据规则立法方向的理性选择》，载《西南政法大学学报》2007 年第 2 期。

〔2〕　周洪波：《迈向"合理"的刑事证明 新〈刑事诉讼法〉证据规则的法律解释要义》，载《中外法学》2014 年第 2 期。

罪外逃的国家工作人员、重要腐败案件涉案人的红色通缉令，将一批外逃多年的犯罪分子缉拿归案，国内外高度关注、反响很好，在国际上赢得了话语权和主动权。同时，加拿大基于国家利益和维护社会安全与秩序的需要，也不希望自身成为各类犯罪分子的避难天堂。本案程慕阳涉嫌犯罪问题被披露后，一些曾与其关系密切的人员、组织纷纷表明态度划清界限。因此，可充分利用目前有利氛围，加大我国在人权保障、司法制度改革、反腐追逃领域的决心和力度等方面的宣传，进一步造成舆论压力，使其成为"孤岛"，迫使回国自首、接受劝返或遣返成为不二选择。二是注重追逃与追赃并举，进一步压缩其生存空间。外逃人员往往因其所涉犯罪具有一定经济基础，故能高薪聘请代理人，不惜穷尽诉讼程序，因此，动摇其经济基础也是粉碎其逃罪企图的有力砝码。"通过与加拿大司法执法当局合作追赃，全面追缴程慕阳涉案犯罪资产，包括通过犯罪所得取得的各种利益或财产。研究运用我国的违法所得没收程序、加拿大《违法犯罪所得追缴法》和其他相关法律，通过司法协助的渠道请求加方查封、冻结、扣押涉案财产，并依据双方缔结的被没收财产分享协议开展合作"[1]，冻结其经济来源，进一步打压生存空间。三是利用加拿大新《1999年引渡法》规定的"特定协议"条款，探索"个案引渡"方式直接引渡程慕阳。我国与加拿大目前尚未缔结双边引渡条约，但依据加拿大新《1999年引渡法》第10条的规定，经司法部长同意，外交部部长可以与有关国家或者实体为执行引渡请求而

---

〔1〕 陈雷：《如何破解程慕阳案国际执法合作困局》，载《法制日报》2015年7月21日，第10版。

就某个具体的案件达成"特定协议"。我国可以依据两国共同批准加入的《联合国反腐败公约》的相关规定，在正在进行的移民、难民遣返程序的同时，积极开创"个案引渡"合作的先例，为以后引渡隐匿在加境内的外逃人员提供范本，利于早日实现追逃目的。

近年来，我国在国际司法协助中积累了不少经验和做法，及时总结典型案件中展现的法律问题和证据规则，对我们今后办理此类相关案件具有很好的指引作用，但目前的碎片化、个案化状态显然"事倍功半"。我们建议，相关主管机关应进行典型案例的搜集整理，及时总结经验做法或不足之处，具体包括相关国家的有关司法制度规范性文件（尤其是诉讼程序规范和证据规则、证据材料要求）、法院和行政机关的裁决文书；具体个案中涉及的典型性、代表性法律问题、具有"先例"性质的裁决理由，尤其是法庭对具有"先例性"案件诉讼争点的分析，逐步由分散的个案经验、法律问题，形成有体系性的类案做法和法理研究，进一步完善我国刑事司法协助制度。另外，培养精通国外法律制度的国际追赃追逃专门人才。目前涉外办案专业人才奇缺，也是影响国际追逃追赃效果和效率的重要因素。[1]境外追逃追赃是近年来才逐步兴起的国际刑事司法协助形式，部分办案部门和人员严重缺乏经验，外语水平较低，对相关的追逃追赃规则和机制了解较少，不懂得根据条约规定或利用被请求国诉讼程序、证据规则做好证据的收

---

[1]　陈雷：《筑牢国际追逃"天网"需加强司法合作》，载《法制日报》2015年11月3日，第10版。

集、整理以及证据资料的翻译等基础性工作。[1]因此，要加强实战业务和外语应用能力的培训，充分发挥基层作用，指导和支持地方办案单位按照国际司法合作规则开展案件侦查、证据搜集、出庭作证、配合调查取证等工作；加强国际化专业人才的培养和交流，重点培养符合国际人权法治观念、通晓中外法律和办案程序的国际化人才，建立一支强有力的国际追逃追赃队伍，提高惩治跨国腐败犯罪的能力。

---

　　〔1〕 参见赵阳、蒋皓：《外逃贪官"最钟情"国多"分成"处理赃款》，载《法制日报》2012年12月6日，第5版。

# 第六章

# 协助外国追缴违法所得的条件与程序 *

境外追赃难，其难度甚至超过境外追逃，这种说法是有着一定的事实和法律根据的。从事实来看，向境外转移违法所得通常采用洗钱的手段，这给识别和认定有关资产的非法所得性质造成困难；从法律上讲，各国法制对财产权的保护均相当严格，资产的归属和流转主要遵循的是国内法规则和程序，不太接受国际法规则的直接调整。近几年来，我国主管机关在境外追逃方面硕果累累，但在境外追赃方面的成功实例则凤毛麟角。境外追赃难，不仅难在中国，而且是几乎所有国家普遍遇到的难题。化解这一难题需要各个国家通过采取必要的立法措施，为资产追缴方面的国际合作创立特别规则与程序，并且使其同国内法的其他相关规则与程序实现对接和协调。2018 年10 月 26 日，中国颁布《国际刑事司法协助法》，经过多年的考察和探索，终于为根据外国请求查封、扣押、冻结、没收、返还违法所得及其他涉案财物，建立起一套合理、开放且具有一定可操作性的法律规则与程序，不仅为协助外国追缴违法所得提供了切实可行的法律依据，也为我国获取外国的追赃协助

---

* 本章内容曾发表于《法学杂志》2019 年第 6 期。

奠定了值得信任的法律基础。

## 一、"违法所得及其他涉案财物"的含义

在协助查封、扣押、冻结、没收和返还问题上，我国《国际刑事司法协助法》将没收和返还的对象表述为"违法所得及其他涉案财物"，并且将协助查封、扣押和冻结（以下简称"查扣冻"）的对象仅仅表述为"涉案财物"。与此不同的是，我国对外缔结的双边刑事司法协助条约（协定），在相互协助追缴资产问题上，习惯于使用我国《刑事诉讼法》中一种笼统的表述——"赃款赃物"[1]，并且以此表述作为相关条款的标题，例如，《中华人民共和国和加拿大关于刑事司法协助的条约》关于冻结、扣押或没收协助的第 17 条标题就是"赃款赃物"，《中华人民共和国和大韩民国关于刑事司法协助的条约》第 18 条也同样如此。我国《国际刑事司法协助法》在协助查封、扣押、冻结问题上采用"涉案财物"这一比较中性的表述，应该说是经过认真权衡后的正确选择，符合国际刑事司法协助行为的特点，并且体现出我国提供的查扣冻协助范围的宽广性。

相对于"赃款赃物"的概念，"涉案财物"是一个非定性的概念，它只是表明某一财物可能与犯罪或违法行为有关，或者与刑事案件的审理或判决执行有关，而这种关系实际存在与否以及法律性质尚待司法程序的最终认定。查扣冻方面的国际

---

[1] 我国《刑事诉讼法》第 245 条第 4 款规定，对查封、扣押、冻结的赃款赃物及其孳息，除依法返还被害人的以外，一律上缴国库。但没有对"赃款赃物"的含义作出解释。

刑事司法协助是一种预防性行为，讲究的是快捷和时效，没有必要先对请求查扣冻的财物审查定性，也不要求请求国必须提供有关财物属于"赃款赃物"的充分证据，重要的是查明"查封、扣押、冻结涉案财物与请求国正在进行的刑事案件的调查、侦查、起诉和审判活动相关"[1]。然而，在根据外国请求提供没收协助问题上，我国主管机关应当对没收请求的对象进行一定程度的实质性审查，以确认该财物的来源与持有具有非法性，《国际刑事司法协助法》在这个问题上使用了一定程度上具有"定性"色彩的表述——"违法所得及其他涉案财物"；在根据外国请求查扣冻问题上，我国主管机关可以只对查扣冻请求的理由和对象进行形式合法性审查，而无需对其来源或归属进行实质性审查，因而《国际刑事司法协助法》就使用了一种"非定性"表述——"涉案财物"。

"涉案财物"的表述扩大了协助查扣冻的对象范围，"刑事涉案财物的内涵和外延，大于'赃款赃物'或'违法所得'的内涵与外延"[2]，既有可能是直接与犯罪有关的财物，也可能是与犯罪没有直接联系，但有可能涉及案件的财产处理问题的被告人合法财物，例如，可能作为违法所得的等价物受到追缴的，在中国境内的存款、汇款、债券、股份、基金份额等资产，可能用于折抵偷逃税款行为的"隐形违法所得"的，被告人合法所有的房产、汽车，等等。有些财物与案件存在直接联系，但已通过变卖或者转让而为第三人所拥有或者持有，它们也可以构成根据外国请求查扣冻的对象，尤其是在紧急情

---

〔1〕　这是我国《国际刑事司法协助法》第43条第1款第2项为同意在中国境内查封、扣押、冻结财物规定的条件之一。

〔2〕　乔宇：《刑事涉案财物处置程序》，中国法制出版社2018年版，第9页。

况下查扣冻措施的对象，在这种情况下，根据《国际刑事司法协助法》第45条的规定，利害关系人可以对查扣冻提出异议，提请我国主管机关依法"决定解除查封、扣押、冻结并通知对外联系机关，由对外联系机关告知请求国"。

《国际刑事司法协助法》第六章和第七章所讲的"涉案财物"有着特定的范围，以具有"可追缴性"为特点并且以资产追缴为目的，也就是说，对这类财物的查扣冻是对其加以没收或者收缴的前期步骤或准备；不同的是，对于某些"作为证据使用的实物"[1]，如果外国请求从我国调取，则应当依据《国际刑事司法协助法》第四章规定的规则和程序处理。这里涉及国际刑事司法协助行为的一个重要区分，即"以调查取证为目的"的查扣冻和"以资产追缴为目的"的查扣冻之间的区分。第一种查扣冻以搜集、获取和提交证据材料为目的，是一种中立的、为查清案件事实服务的诉讼保全措施；而第二种查扣冻则以资产追缴为目的，是为执行可能随之而来的资产追回措施服务的资产保全措施，相对于第一种措施更加具有严厉性，并且，从总的倾向上看，是对财产持有人不利的强制措施，因而在适用条件上应当比前者更为严格。从技术层面上讲，为调查取证目的的协助扣押和冻结的物品只能暂时移交给请求国，请求国有义务按照被请求国的要求在作为证据使用完毕后归还有关的物品，被查扣冻物品的所有权并不因移交行为

---

〔1〕　这是2015年1月14日中共中央办公厅、国务院办公厅印发的《关于进一步规范刑事诉讼涉案财物处置工作的意见》第4条的表述，我国《刑事诉讼法》第141条也将其表述为"可用以证明犯罪嫌疑人有罪或者无罪的各种财物、文件"。

而发生转移。[1]显然，上述暂时移交规则不适用于以资产追缴为目的的查扣冻，此种保全措施的协助执行是对剥夺财物所有权程序的保障，是为所有权转移所做的必要准备。正是由于这一原因，《国际刑事司法协助法》第六章和第七章都明确规定相关的查扣冻、没收、返还行为不得影响"利害关系人的合法权益"。[2]与此不同的是，对于"以调查取证为目的"的财物搜查和保全行为，财物利害关系人则不能以其财产权相对抗。

具有"可追缴性"特点并且对之可依据《国际刑事司法协助法》第六章和第七章的规定予以查扣冻、没收和返还的涉案财物可以归纳为以下几种：①违法所得，即一切因实施违法犯罪行为而直接取得的财产利益、报酬、物品，例如抢劫所获得的财物、受雇杀人所取得的酬金、伪造货币所制作的假币等。②违法所得的收益，即间接来源于违法犯罪行为的财物，通常表现为由违法所得财物衍生的收益或孳息，例如贪污受贿钱款存入银行后产生的利息。③违法所得及其收益经变卖或转让后取得的款项，例如，因变卖被窃取的汽车而获得的钱款、因转让被非法盗取的文物而获得的资金。④违法所得及其收益转换形态后产生的财物，例如使用违法所得资金购置的房产、股票、字画等物品。⑤供违法犯罪使用的财物，这类财物有时候也被称为"犯罪工具"，一般是指行为人直接用于实施违法犯罪行为的本人所有的工具、设备、资金等财物，包括他人向

---

〔1〕 关于这一义务，《国际刑事司法协助法》第四章第 27 条和第 30 条作出了明确规定。

〔2〕 参见《国际刑事司法协助法》第六章第 43 条第 1 款第 4 项和第七章第 51 条第 2 项。

恐怖组织提供的资金，等等。⑥违禁品，即其用途或持有对于公共安全具有危险性的物品，例如非法持有的枪支弹药、被列入毒品和麻醉品清单中的制品，等等。

除以上列举的六种具有可追缴性的涉案财物之外，《国际刑事司法协助法》第六章的规定不适用于所谓"刑事案件财产刑执行前的财产保全"，[1]也就是说，外国为执行其本国法院科处或者可能科处的罚金、没收财产等财产刑而请求在中国境内查封、扣押、冻结的财物不宜解释为《国际刑事司法协助法》第六章所讲的"涉案财物"，倘若这类财物本身不具有违法所得的性质，则可能属于当事人的合法财产，不构成资产追缴国际刑事司法协助的追回对象，而且我国《国际刑事司法协助法》目前尚未将承认和执行外国财产刑确定为刑事司法协助的事项。

需要强调的是，以上列举的"涉案财物"有时候也可能同时构成请求国刑事诉讼中的证据，在这种情况下，对于外国提出的协助查扣冻请求，我国主管机关应当首先甄别该请求的目的是调查取证还是资产追回，只有当确认有关请求是为了资产追回的目的而提出的时，才应当依照《国际刑事司法协助法》第六章的规定采取行动。当外国的协助查扣冻请求仅仅是为了调查取证的目的而提出时，"涉案财物"则可以超出以上列举的应追缴物范围，同时，应当根据财产权保护的需要或者其他办案需要，依照《国际刑事司法协助法》第 30 条的规定，在提供有关协助时"要求请求国保证归还其提供的证据

---

〔1〕 此提法参见最高人民法院执行局编著：《最高人民法院关于刑事裁判涉财产部分执行的若干规定理解与适用》，中国法制出版社 2017 年版，第 53 页。

材料或者物品"。

## 二、根据外国请求执行查扣冻的条件

在《国际刑事司法协助法》颁布之前，我国主管机关在协助外国查扣冻于中国境内涉案财物问题上一直处于一种相当尴尬的境地：一方面，我国与外国缔结的双边刑事司法协助条约（协定）以及我国已加入的含有刑事司法协助内容的多边国际公约均要求，如果"涉嫌的犯罪所得或者犯罪工具已被找到，被请求国应当根据请求国的请求，按照本国法律采取措施冻结、扣押和没收这些财物"[1]；另一方面，我国最高政法机关三令五申，"严禁在立案之前查封、扣押、冻结财物"[2]，而对于外国司法机关或者执法机关审理的刑事案件，我国刑事司法机关通常没有立案并且也不可能予以立案。在上述国际法义务与国内法禁令的冲突面前，接到外国查扣冻协助请求的我国主管机关深感进退两难、莫衷一是。

在《国际刑事司法协助法》草案拟定和审议期间，根据外国请求查封、扣押、冻结、没收违法所得的相关条款表述仍未彻底摆脱"立案"这一"紧箍咒"，该法律草案一读审议稿第 47 条第 2 款的表述仍然是"主管机关审查认为依据外国刑事司法协助请求书以及所提供的证据材料，符合中华人民共和国法律规定的立案条件的，转交办案机关办理，按照《中华

---

〔1〕 参见《中华人民共和国和葡萄牙共和国关于刑事司法协助的协定》第 14 条第 2 款。

〔2〕 参见中共中央办公厅、国务院办公厅印发的《关于进一步规范刑事诉讼涉案财物处置工作的意见》第 2 条以及《人民检察院刑事诉讼涉案财物管理规定》第 5 条。

人民共和国刑事诉讼法》有关规定协助查封、扣押、冻结涉案财物"。同时，该草案一读审议稿第63条规定："主管机关审查认为依据外国刑事司法协助请求书以及所提供的证据材料符合中华人民共和国法律规定的立案条件的，转交办案机关办理，按照《中华人民共和国刑事诉讼法》有关规定协助没收违法所得。"〔1〕根据我国法律和司法实践，如果有关侵害行为或其结果均发生在境外，而且行为人与被害人均不是中国公民，怎么可能符合我国刑事立案的条件呢？此外，这里所说的"立案"是真实的还是虚拟的？如果是真实立案，立案的后续程序又应如何呢？

2018年10月26日颁布的《国际刑事司法协助法》最终定稿文本作出了明智和科学的抉择，在根据外国请求查封、扣押、冻结、没收违法所得及其他涉案财物问题上，果断地放弃了"立案"条件，同时明确规定了一系列比较符合国际刑事司法协助活动特有属性及需求并且具有实际可适用性的条件，只要这些法定条件具备，该法律第6条列举的各主管机关，即国家监察委员会、最高人民法院、最高人民检察院、公安部、国家安全部等部门，均可以基于外国的请求同意查扣冻涉案财物，并安排有关办案机关执行。根据外国请求查扣冻的法定条件，主要是由《国际刑事司法协助法》第43条加以规定的，此外，该法律第14条和第40条中的一些规定也应当理解为需具备的法定条件。归纳起来，根据外国请求查扣冻涉案财物的主要条件如下：

---

〔1〕 参见全国人民代表大会常务委员会2018年1月向社会公布的《中华人民共和国国际刑事司法协助法（草案）征求意见稿》。

## （一）请求针对的行为根据中国法律也构成犯罪

"双重犯罪"是国际刑事司法合作的一项重要原则，考虑到《联合国反腐败公约》《联合国打击跨国有组织犯罪公约》以及我国与外国缔结的大部分双边刑事司法协助条约的规定，[1]我国《国际刑事司法协助法》第14条在双重犯罪问题上采取了一种比较灵活的态度，使用"可以"一词将外国刑事司法协助请求不符合双重犯罪条件确定为任择性拒绝协助的理由，而不是强制性拒绝协助的理由，以便与外国最大限度地开展就文书送达、调查取证等不具有强制性的合作，并使这种合作更加符合公正司法的宗旨。但是，《国际刑事司法协助法》第六章规定的协助事项构成对财产权的限制，具有明显的强制性，对于查扣冻涉案财物的协助请求，需要严格按照"双重犯罪"原则进行审查。需要说明的是，第14条所要求的根据中国法律也构成犯罪，具有虚拟的含义，是说假如请求所针对的行为发生在中国境内也会被认为是犯罪，而不是要求请求所针对的行为构成应受中国刑事司法管辖的犯罪。

## （二）查扣冻符合中国法律规定的条件

这里所说的"条件"首先是中国法律规定的实质性条件，即请求查扣冻的财物是根据中国法律应予追缴的涉案财物，具体地说，就是中国《刑法》第64条规定的"违法所得的一切财物""违禁品和供犯罪所用的本人财物"。作为查扣冻对象

---

[1]　例如，《联合国反腐败公约》第46条第9款规定，缔约国可以以并非双重犯罪为由拒绝本条所规定的协助。然而，被请求国应当在符合其法律制度基本概念的情况下提供不涉及强制性行动的协助。《中华人民共和国政府和美利坚众国政府关于刑事司法协助的协定》第3条第1款第1项规定，双方可以商定，就某一特定犯罪或特定领域的犯罪提供协助，不论该行为是否根据双方境内的法律均构成犯罪。

的应追缴物不要求是经过司法认定的"赃款赃物",只要有证据证明外国查扣冻请求的对象可能属于违法所得、犯罪工具或者违禁品即可,我国《刑事诉讼法》允许主管机关在侦查活动中对发现的、被怀疑与犯罪有关的各种物品采取查扣冻措施。应当强调的是,这里所说的"条件"不包括也不可能包括"立案条件",协助外国查扣冻涉案财物不以我国公安机关或者人民检察院发现犯罪事实或者犯罪嫌疑人为条件,立案是请求国主管机关的事情,在国际刑事司法协助中被请求国主管机关不宜在此问题上越俎代庖。关于这一点,我国立法机关已通过删除原草案中的"立案条件"一词表明了态度。

(三) 查扣冻涉案财物与请求国刑事案件相关

根据国际刑事司法协助的特定性原则,被请求国提供的司法协助只能为请求书中明确列举的案件及目的服务,未经被请求国允许,不得被用来为其他案件或目的服务,基于这样的原则,在协助查扣冻问题上,请求国应当说明请求查扣冻的财物与怎样的案件存在联系并且存在怎样的联系,同时说明为有关案件请求查扣冻的具体目的。财物与案件的关联性是在关于资产追缴国际合作中需要特别注意的问题,在协助查扣冻阶段,虽然不要求对有关财物的违法所得性质作出最终认定,但请求国仍应说明有关财物"与请求国正在进行的刑事案件的调查、侦查、起诉和审判活动相关",比如说,某一外国正在对被告人 A 的受贿犯罪进行刑事追诉,为追缴违法所得的目的请求中国主管机关查封被告人 A 在中国境内购置的一处房产,在这种情况下,该外国应当在相关司法协助请求中说明请求查封的房产与被告人 A 的受贿行为的联系,包括被告人 A 在被指控的受贿行为后向中国转移违法所得的情况以及使用被非法转移的资金在中国境内购置房产的情况；考虑到违法所得资金往往是通过洗钱方式实现跨国转移的，资金转移的链条和踪迹可能出现断裂或者被掩饰，在审查请求查封的房产与请求国正在追诉的犯罪案件之间的关联性时，被请求方可以不要求请求方必须提供关于完整的资金转移链条的证据或说明，但请求国应当证明：购置该房产所使用的资金是在被告人Ａ受贿行为实施后转移到或者出现在中国境内的；如果请求查封的房产是用被告人Ａ受贿行为实施前的资金购置的，就很难说该房产与请求国正在追诉的受贿案件之间存在着合理的关联性。

（四）涉案财物可以被查扣冻

这是一项执行条件，它要求不存在法律上的执行不能或者事实上的执行不能。所谓"法律上的执行不能"是指由于法律的禁止性或限制性规定而不可能执行的情形，例如，我国《刑事诉讼法》第144条第2款规定："犯罪嫌疑人的存款、汇款、债券、股票、基金份额等财产已被冻结的，不得重复冻结。"根据这一规定，如果外国请求协助查扣冻的涉案财物由于其他刑事诉讼、民事诉讼或者行政执法的原因已被中国司法机关或者执法机关采取了财产保全措施，或者中国司法机关已根据第三国率先提出的司法协助请求对相关财物采取了查扣冻措施，则出现执行不能的情形。所谓"事实上的执行不能"则是指由于某些客观现实的存在而导致的不可能执行的情形，例如，外国请求扣押、冻结的违法资金被用来与其他合法来源资金一起购置了房产，由于不能对该房产实行分割而无法执行相关的查扣冻请求。

（五）执行请求不影响利害关系人的合法权益

以资产追缴为目的的查扣冻不仅是对相关涉案财物使用权的暂时限制，而且可能导致对财产权的永久剥夺，因而，从一开始就需特别重视对利害关系人的权利保护问题。这里所说的"利害关系人"一般是指除请求国刑事诉讼中被告人以外的第三人，并且是善意第三人，也就是说，该第三人对有关涉案财物的非法来源并不知晓或者理应不知晓，所谓"理应不知晓"是国际法为受让某些特定物品（如文物）规定的善意标准，它要求受让人在接受特定物品转让时履行查问物品来源等必要的谨慎义务。[1]具体说来，涉案财物的利害关系人包括以下人员：①有关财物的共同所有人，例如，与请求国刑事诉讼的被告人共同拥有房产的权利人；②有关财物的受让人，为了满足善意第三人的条件，该人除在接受财物时不知晓或者理应不知晓被转让物的非法来源外，还应当支付了合理对价；③对有关财物享有合法使用权或用益权的人，例如，被请求查封房屋的承租人；④对有关财物享有其他物权的人，例如，由于信贷原因接受房屋抵押的金融机构；⑤被他人用于违法犯罪活动的财物的所有人，例如，某人的电子设备在其完全不知情的情况下被他人利用来实施犯罪；⑥对请求查扣冻的涉案财物提出所有权主张的人。

（六）执行请求不影响中国境内的法律程序

执行外国的查扣冻请求不能影响中国有关机关正在进行的调查、侦查、起诉、审判和执行活动，《国际刑事司法协助

---

〔1〕 参见国际统一私法协会《关于被盗或者非法出口文物的公约》第6条。

法》第43条第1款第5项所说的"有关机关"不仅指刑事诉讼的主管机关，还涵盖所有被中国法律赋予执法权的机构，例如，海关执法机关，税务执法机关，反洗钱机关，金融、证券、保险等行业的监管机关，工商管理机关，等等，因而，这里所说的调查、审判、执行活动也包括民事和行政领域的司法或执法行为。

（七）提供了需查扣冻财物存放的准确信息

这也是一项执行条件，或者说是使执行具有可操作性的条件。为满足此条件，请求国应当在刑事司法协助请求材料中载明需要查扣冻的涉案财物的权属证明、名称、特性、外形和数量，需要查扣冻的涉案财物的地点；资金或者其他金融资产存放在金融机构的，应当载明金融机构的名称、地址和账户信息。[1]如果请求方对查扣冻的标的没有明确的指向或者没有具体说明上述信息，负责对刑事司法协助请求进行形式要件审查的联系机关应当依照《国际刑事司法协助法》第15条第1款的规定，"要求请求国补充材料或者重新提出请求。"无论是司法协助的联系机关还是主管机关、办案机关，均不能自行确定或推测协助外国查扣冻的标的物，否则，一旦出现不当，可能没有充分理由要求请求国根据《国际刑事司法协助法》第46条承担赔偿责任。[2]

---

〔1〕　参见《国际刑事法协助法》第40条。
〔2〕　《国际刑事司法协助法》第46条规定："由于请求国的原因导致查封、扣押、冻结不当，对利害关系人的合法权益造成损害的，办案机关可以通过对外联系机关要求请求国承担赔偿责任。"

### 三、协助外国没收违法所得的主体及方式

从专业角度上讲，《国际刑事司法协助法》制定时遇到的最重大并且最复杂的问题是：如何建立一套协助外国没收违法所得及其他涉案财物的法律制度。建立这样的法律制度是《联合国反腐败公约》和《联合国打击跨国有组织犯罪公约》对各国立法提出的要求，也是我国在《联合国反腐败公约》履约审查的自评阶段承认存在的立法缺欠。协助外国没收违法所得及其他涉案财物与协助外国查扣冻涉案财物，这两种法律制度紧密相连，前者往往是后者的进一步发展并且构成资产追缴国际合作的最高级形态，是资产追缴国际合作的核心制度，要求与其他国内法规则与程序实现更为广泛与有机的对接与协调。

在协助外国没收违法所得及其他涉案财物问题上，新出台的《国际刑事司法协助法》给人以耳目一新的感觉，虽然只有几个条款的篇幅，却使这种协助具有明显的开放性、合理性和多样性。开放性主要表现在：允许外国在各种情况下请求中国主管机关协助没收位于中国境内的违法所得及其他涉案财物，无论请求国法院是否对相关财物已作出没收裁决，同时，也没有把对外国没收请求的处理权仅限于由中国法院行使。合理性主要表现在：考虑到各国犯罪收益追缴立法的最新发展和一些相关的先进理念，不再把"已经定罪""生效判决"等情形确定为协助没收违法所得及其他涉案财物的条件。多样性主要表现在：除各种没收手段以外，《国际刑事司法协助法》第七章第二节还规定了一些比较简便易行的方式帮助外国当事人

直接实现资产追回的目的，以简洁的条款提供多种资产追回方式。

有权根据外国请求决定没收违法所得及其他涉案财物的中国主管机关是哪家？这是一个最基本的问题，它涉及外国的没收请求应当提请中国哪个主管机关审查并且相关协助程序应当与怎样的国内法制度相衔接等重要问题。2017年12月提交第十二届全国人大常委会第31次会议审议的《国际刑事司法协助法（草案）》曾经将根据外国请求没收违法所得划分为两种情况：一种是"外国请求承认和执行其没收裁判"，另一种是外国"在没有作出没收违法所得裁判的情况下"直接请求协助没收违法所得，对于这两种不同的情况分别规定两种不同的处理程序。在第一种情况下，"对外联系机关认为可以提供协助的，转交给最高人民法院审查、安排办理。"[1]在第二种情况下，"主管机关审查认为依据外国刑事司法协助请求书以及所提供的证据材料符合中华人民共和国法律规定的立案条件的，转交办案机关办理，按照《中华人民共和国刑事诉讼法》有关规定协助没收违法所得。"[2]2018年10月26日颁布的《国际刑事司法协助法》对一读草案拟定的主管机关及审理方式作出重大修改，不再区分上述两种情况，为根据外国请求没收违法所得及其他涉案财物规定了统一的条件，允许"主管机关"依据统一的法定条件就协助外国没收违法所得及其他涉案财物问题作出决定和安排。

---

〔1〕 参见全国人民代表大会常务委员会2018年1月向社会公布的《中华人民共和国国际刑事司法协助法（草案）征求意见稿》第58条。

〔2〕 参见《中华人民共和国国际刑事司法协助法（草案）征求意见稿》第63条。

从文字表述看，在协助外国没收违法所得及其他涉案财物问题上，正式颁布的《国际刑事司法协助法》从先前的草案中删除了两个重要的用词——一是"法院"，二是"裁判"。这种文字处理透露出以下两大重要的立法意图：其一，《国际刑事司法协助法》第6条列举的所有"主管机关"都可以决定并且安排根据外国请求没收违法所得及其他涉案财物，只要我国法律在违法所得没收问题上赋予了该主管机关以决定权或者程序启动权。其二，在协助外国没收违法所得及其他涉案财物问题上，无论请求国是否已作出没收裁决，各个主管机关均应当遵循《国际刑事司法协助》第七章第二节规定的各项条件决定是否提供协助，因而，请求国的"没收裁判"在中国的协助没收程序中不再具有特殊意义，也不一定都采用由法院审查决定的程序得到认可，中国的其他主管机关，比如公安部、国家监察委员会，也可以根据外国法院的没收裁判作出没收违法所得及其他涉案财物的决定及安排。

由于《国际刑事司法协助法》第七章第二节没有对有权决定协助外国没收违法所得及其他涉案财物的机关作出特别列举，只是笼统使用了"主管机关"一词，因而可以认为，所有根据我国法律享有违法所得没收权或者没收程序启动权的机关，包括该法第6条以"等部门"加以指代的执法机关，都可以成为协助外国没收违法所得的"主管机关"，因此，为了确定我国哪些机关可以协助外国没收违法所得及其他涉案财物，首先需分析哪些机关在没收违法所得及其他涉案财物方面享有法定职权，至于对违法所得没收的实现是在刑事诉讼当中还是在行政执法当中，在这里无关紧要。根据对我国现行法律的考察和分析，笔者梳理出下列有权依法没收违法所得及其他涉案财物或者依法启动没收程序的主管机关：

（一）人民法院

在刑事诉讼中，法院有权通过普通刑事诉讼程序或者特别没收程序对《刑法》第64条规定的违法所得及其他涉案财物作出最终认定，并依据《刑事诉讼法》第245条作出追缴处理，或者依据《刑事诉讼法》第300条裁定予以没收。

（二）人民检察院

虽然检察机关在刑事诉讼中不承担直接没收违法所得的职能，但它负有提请没收违法所得和启动违法所得没收程序的职责，比如，根据《刑事诉讼法》第177条第3款的规定，对于不起诉人需要没收其违法所得的，"人民检察院应当提出检察意见，移送有关主管机关处理"。再如，根据《刑事诉讼法》第298条的规定，在犯罪嫌疑人、被告人逃匿、死亡情况下，"人民检察院可以向人民法院提出没收违法所得的申请"。

（三）公安机关

公安机关的没收权主要行使于执法活动中，比如，它有权根据《禁毒法》第28条的规定对依法查获的毒品，吸食、注射毒品的用具，毒品违法犯罪的非法所得及其收益，以及直接用于实施毒品违法犯罪行为的本人所有的工具、设备、资金予以收缴；有权根据《治安管理处罚法》第11条的规定对办理治安案件所查获的毒品、淫秽物品等违禁品，赌具、赌资，吸食、注射毒品的用具以及直接用于实施违反治安管理行为的本人所有的工具予以收缴。以上法律所说的"收缴"实际上是没收的同义语。

（四）监察委员会

2018 年 3 月 20 日颁布的《监察法》第 46 条明确赋予监察机关以违法所得没收权，在监察程序中可以"对违法取得的财物，依法予以没收、追缴或者责令退赔"，这里所说的"责令退赔"实际上是一种等值没收方式，即在直接取得的违法所得已被挥霍或者发生灭失的情况下，要求违法者以自己的合法财产予以等值充抵。

（五）海关

海关被《海关法》赋予了广泛的违法所得没收权，无论是对于"专门或者多次用于走私的运输工具""藏匿走私货物、物品的特制设备"，还是产生于走私行为的"走私货物、物品及违法所得"，或者产生于其他违法行为的违法所得，海关执法机关均有权决定予以没收。

（六）证券监管机构

根据 2019 年修订的《证券法》，国务院证券监督管理机构及其派出机构有权决定对各种证券违法行为所获取的违法所得予以没收，无论违法所得的获取主体是机构还是个人。

（七）税务机关

税务机关对于各种财税违法行为依法享有违法所得没收权，根据《税收征收管理法》第 63、65、66 条的规定，税务机关对于违法所得的没收主要表现为"等值没收"，即针对违法行为人的个人财产，追缴偷税、漏税的税款、滞纳金，或者追缴违法行为人骗取的退税款。

虽然以上列举的某些机关仅仅是行政执法机关，不属于严格意义上的刑事诉讼"司法机关"，但由于《国际刑事司法协

助法》第七章提到的"违法所得及其他涉案财物"可能是由
外国不同的法律程序认定的并且表现为不同形态，同时该章对
同意并安排执行没收或返还请求的我国"主管机关"未作限
定，因而，我国可以基于互惠原则并考虑到协助执行的便利
性，在我国相关法制的框架内灵活确定协助没收或返还的主管
机关。

我国主管机关可以采取不同的方式协助外国没收违法所得
及其他涉案财物，笔者将这些不同的方式归纳为两种：第一种
方式是根据外国的没收请求直接作出没收违法所得及其他涉案
财物的决定；第二种方式是根据外国的没收请求在我国启动违
法所得没收程序。

根据外国的没收请求直接作出没收违法所得及其他涉案财
物的决定，这是一种比较典型的和简捷的协助没收方式，它一
般适用于外国法院或者其他主管机关已经对违法所得及其他涉
案财物作出没收裁决的情况，同《联合国反腐败公约》第55
条第1款第2项规定的没收事宜国际合作方式相吻合，即"将
请求缔约国领域内的法院依照本公约第31条第1款和第54条
第1款第1项发出的没收令提交本国主管机关，以便按请求的
范围予以执行，只要该没收令涉及第31条第1款所述的、位
于被请求缔约国领域内的犯罪所得、财产、设备或者其他工
具"。在作出没收决定的主体问题上，我国《国际刑事司法协
助法》第七章第二节的用词与《联合国反腐败公约》上引条
款的用词完全一致，使用的都是"主管机关"一词，没有将
作出没收决定的主体仅限于法院。一般来说，根据请求国没收
裁决作出没收决定的机关以法院为宜；在一些特殊情况下，比
如，对请求没收的涉案财物不存在争议、请求没收的财产属于

犯罪工具或者违禁品、请求没收的财物数额并不很大，也可以基于互惠原则并考虑到协助执行的便利性，提请我国其他"主管机关"作出没收决定并安排执行。

　　根据外国的没收请求在我国启动违法所得没收程序，这种方式通常适用于下列情况：请求国尚未作出没收裁决但向我国提供了位于中国境内的有关财物属于违法所得或其他应予追缴物品的证据材料并请求对该财物予以没收，这是《联合国反腐败公约》第 55 条第 1 款第 1 项规定的另一种没收事宜国际合作方式，即"将这种请求提交其主管机关，以便取得没收令并在取得没收令时予以执行"。在我国，根据外国没收违法所得的请求和相关的证据材料启动没收程序的主管机关以人民检察院为宜，因为《刑事诉讼法》第五编第四章赋予了人民检察院启动违法所得没收程序的职能；虽然《刑事诉讼法》将此种违法所得没收程序限定于逃匿、死亡案件，但这种特别没收程序的基本方式可以在资产追缴国际合作中参照适用，[1]这样做也得到了《国际刑事司法协助法》的许可，该法第 3 条第 2 款规定："执行外国提出的刑事司法协助请求，适用本法、刑事诉讼法及其他相关法律的规定。"

### 四、协助没收违法所得需具备的条件

　　在协助外国没收违法所得及其他涉案财物问题上，首先需

---

　　〔1〕 针对此种情形，《中华人民共和国国际刑事司法协助法（草案）一读审议稿》第 63 条曾经写道：外国在没有作出没收违法所得裁判的情况下，直接向中华人民共和国请求没收违法所得的，主管机关审查认为依据外国刑事司法协助请求书以及所提供的证据材料符合中华人民共和国法律规定的立案条件的，转交办案机关办理，按照《中华人民共和国刑事诉讼法》有关规定协助没收违法所得。参见《中华人民共和国国际刑事司法协助法（草案）征求意见稿》。

要澄清一个基本问题或者说理念：协助外国没收违法所得及其他涉案财物是否应当坚守"无罪推定"原则，换言之，是否要求外国没收请求所针对的并且构成违法所得之来源的行为已经被认定为犯罪？对这个问题的回答应该是否定的。我国《国际刑事法协助法》没有将"已定罪"规定为协助外国没收违法所得及其他涉案财物的条件，[1]而且不要求请求国一定要提交本国法院作出的没收裁决，也就是说，外国也可以在刑事调查、起诉阶段或者在与刑事追诉有关的某些特别程序中向我国提出没收违法所得及其他涉案财物的请求。对违法所得的没收与追缴是刑事诉讼的一项重要任务，它一方面体现着"不让任何人从犯罪中获利"这一刑事正义的基本要求；另一方面也是基于民事正义的需要对财产被害人的保护和补救，从这个意义上讲，它不是针对特定人员的惩罚，而是一种对违法犯罪的预防以及一种在财产保护上的恢复原状，因此，无论从理论上还是实践上都不应受"无罪推定"原则的束缚和制约，否则，可能产生适得其反的效果，对人权保障造成另一种负面影响。

除普通刑事诉讼程序外，协助没收违法所得的请求也可能在与预防或者调查犯罪的其他法律程序中提出，诸如以下法律程序：意大利针对黑手党等有组织犯罪活动的防范程序（procedimento di prevenzione），在这种程序中司法机关或执法机关可以根据有关人员特定的犯罪嫌疑采用财产防范处分（misure di prevenzione），没收不能说明合法来源的财物或者与其收入明显不符的财物；美国的民事没收（civil forfeiture）程序，这

---

〔1〕　一些国家法律将"某人已经被判定有罪"并且该定罪"在有关外国不再接受上诉"规定为执行外国没收令的条件之一，例如坦桑尼亚《1991年刑事司法协助法》第32条第1款。

是一种对物不对人的程序，司法机关或执法机关可以通过此种程序对有证据表明来源于违法犯罪的财物作出没收决定；我国监察程序，根据《监察法》第 46、48 条的规定，监察机关可以在没有将案件移送起诉的情况下，决定没收、追缴违法所得或者提请人民检察院向法院提出没收违法所得的申请。这些法律程序虽然不是典型的刑事诉讼程序，并且在违法所得认定问题上可能采用的是民事诉讼的证明标准，但是，这些程序均与对犯罪的调查和预防有关，所采取的"没收措施均构成打击犯罪、遏制通过犯罪而非法获利的手段"，[1]相关的办案机关对刑事案件都拥有一定的管辖权，因而，这些法律程序的主管机关也可以通过刑事司法协助的途径请求外国协助没收违法所得及其他涉案财物。

协助没收违法所得及其他涉案财物的请求，无论是在普通刑事诉讼中提出的，还是在追缴违法所得的特别法律程序中提出的，无论是附有没收裁决，还是不附有没收裁决，只要符合我国《国际刑事司法协助法》第七章第二节规定的条件，我国主管机关就可以同意没收并安排办案机关予以执行。这些条件可以归纳如下：

（一）没收违法所得及其他涉案财物符合中国法律规定的条件

在没收问题上中国法律规定的最重要条件就是：请求没收

---

〔1〕 这是瑞士法院在认同意大利防范程序中没收措施具有刑事特点时提出的理由。参见瑞士联邦刑事法院刑事申诉庭 2010 年 12 月 1 日第 RR. 2010. 205–206 号判决书。转引自黄风：《刑事没收与资产追缴》，中国民主法制出版社 2019 年版，第 164 页。

的对象应当是中国《刑法》第 64 条规定的"违法所得的一切财物""违禁品和供犯罪所用的本人财物"。除这一实质性条件之外，与协助外国查扣冻涉案财物不同，协助外国没收违法所得还应当满足一定的定性条件，即对违法所得的认定符合中国法律和司法实践所依循的标准，该认定标准在最高人民法院和最高人民检察院 2017 年 1 月发布的《关于适用犯罪嫌疑人、被告人逃匿、死亡案件违法所得没收程序若干问题的规定》第 17 条第 1 款中表述为："申请没收的财产具有高度可能属于违法所得及其他涉案财产的，应当认定为本规定第 16 条规定的'申请没收的财产属于违法所得及其他涉案财产'。"因而，无论是在请求国法院已作出没收裁决的情况下，还是在请求国尚未作出没收裁决、请求中国主管机关协助直接没收违法所得及其他涉案财物的情况下，协助没收的请求均应当附有支持该请求的证据材料及相关说明，并且据以认定违法所得及其他涉案财物的证据应当达到"具有高度可能性"的标准。由于我国《国际刑事司法协助法》没有单独设置"承认和执行外国没收裁决"的程序，在外国依据本国法院作出的没收裁决请求协助没收的情况下，我国主管机关应当将该没收裁决作为一种事实证据看待，同样采用"高度可能性"标准对请求没收的财物是否符合"应追缴性"条件进行审查。

　　"符合中国法律规定的条件"是说符合中国法律为没收违法所得及其他涉案财物规定的实质性条件，有些只具有国内法程序意义的条件或者属于针对特定对象的人身性条件，则不在适用范围之内。例如，在关于协助外国查扣冻程序时讲到的"立案条件"，就是典型的国内法程序性条件，这是国内没收程序所要求的必备条件，但在国际刑事司法协助中则不宜要求满足此条件。检察机关在根据外国的没收请求及支持该请求的证据材料启动违法所得没收程序向法院提出没收申请时，也不宜套用《刑事诉讼法》第298条第1款规定的"犯罪嫌疑人、被告人逃匿，在通缉一年后不能到案，或者犯罪嫌疑人、被告人死亡"这样的国内法程序性条件。这是一个必须澄清的问题，如果生搬硬套某些只具有国内法程序意义的条件，将导致《国际刑事司法协助法》第七章第二节形同虚设，丧失具体的可操作性，无法实现该章节所创设的国际合作制度与国内刑事诉讼法和其他相关法规的对接与协调。

（二）外国充分保障了利害关系人的相关权利

这是基于"正当程序"原则对请求国的没收程序提出的基本要求。对利害关系人的权利保障主要体现在对其知情权、异议权、请求权、求偿权等权利的保护，具体说来，外国主管机关在相关的没收程序中应当向利害关系人适时地且合法地发出通知，无论是采用公告形式还是文书送达方式；在相关的没收程序中应当充分听取和审查利害关系人提出的异议、抗辩或权利主张；在作出没收决定时应当给予善意第三人合理的保护或补偿。值得注意的是，我国《国际刑事司法协助法》在这里使用的是"利害关系人"一词，而没有像有些国家相关立法中那样使用"受没收令影响的人员"[1]或者"被告人"[2]的表述，这说明，我国立法者特别注意到各国在违法所得没收

---

〔1〕 例如，新加坡《刑事司法协助法》第30条规定，高等法院承认外国没收令的条件之一是：外国在开展没收程序时，"虽然受没收令影响的人员未参加诉讼，但已经通知该人参加诉讼并且其有充足的时间进行辩护"。

〔2〕 例如，意大利《刑事诉讼法典》第733条规定，如果"被告人未被传唤向外国司法机关出庭"，则不得承认外国判决。

程序方面最新的立法动态和发展趋势，把违法所得没收与定罪量刑问题区分开来，更加注重从"对物之诉"的角度看待没收程序中的权利保障问题，对于外国不经定罪的没收或者相对独立的没收程序给予同样的资产追缴合作。实际上，当外国的没收决定是在普通刑事诉讼程序中作出时，"利害关系人"也包括犯罪嫌疑人、被告人，因为该人也是该诉讼程序的当事人。当外国的没收裁决是在犯罪嫌疑人、被告人逃匿或者死亡情况下作出时，处于逃匿或者死亡状态的犯罪嫌疑人、被告人则应当排除在"利害关系人"范围之外。[1]

（三）在中国境内有可供执行的财物

"可供执行的财物"是一个民事执行的概念，泛指可成为执行对象的、由被执行人拥有的一切财物，在协助没收违法所得及其他涉案财物的条件问题上，《国际刑事司法协助法》使用比较宽泛的"可供执行的财物"一词，这非常值得注意，此种表述的选用在一定程度上表明：我国主管机关在协助外国没收违法所得时可以实行"等值没收"，也就是说，可以根据外国的请求，按照违法所得的金钱价值，没收在中国境内的等值财物，即使该财物属于被执行人合法所有的财产或者属于来源合法的财产。因此，在判断是否有可供执行的财物时，主管机关可以参照民事执行程序中所考虑的因素，同时考虑到没收违法所得所具有的相对严厉性，适度收窄关于"可供执行的财物"的判断标准，将以下两种情形归入"无财产可供执行"

---

〔1〕　有观点认为，在没收违法所得问题上适用"不采纳逃犯证言理论（fugitive disentitlement doctrine）"，受到刑事指控的犯罪嫌疑人、被告人只能在刑事诉讼中针对自己可能遭受民事没收的财产提出权利主张或异议，如果上述人员在逃，他的有关证言或者权利主张无效。

的情况：一是在我国境内发现的财物价值明显低于外国请求没收的财物价值，例如，外国请求我国主管机关没收 10 000 美元的违法所得，而在我国境内发现的财物价值只有 1000 美元。二是在我国境内发现的财物价值较低，从基本人权保障或者执行成本的角度考虑，不宜对其采取没收措施。

根据《国际刑事司法协助法》第 52 条的规定，如果"中华人民共和国或者第三国司法机关已经对请求针对的财物作出生效裁判，并且已经执行完毕或者正在执行"，或者"请求针对的人员在中华人民共和国境内有尚未清偿的债务或者尚未了结的诉讼"，我国均可以拒绝提供没收协助。在第一种情况下，应当严格限制"等值没收"的采用，一旦请求针对的财物成为我国司法机关或者第三国司法机关执行的对象，则可以认为"可供执行的财物"已不复存在。在第二种情况下，即使请求针对的人员在中国境内拥有比较充裕的财产，也应当为"尚未清偿的债务或者尚未了结的诉讼"保留尽可能充足的财产执行余地，因而，在外国提出没收请求时，不宜认为在中国境内有可供执行的财物。

（四）请求材料详细表述了需没收财物的信息

外国请求没收位于中国境内的违法所得，不仅应当说明在中国境内存在相关的涉案财物或者可供执行的财物，而且应当在请求书及所附材料中详细描述请求没收的财物的权属、名称、特性、外形和数量等信息，以便于中国主管机关核实并确定执行的标的物。在协助没收程序中，请求国不能仅提供财物持有人的个人信息并要求中国主管机关调查该人在中国境内的财产情况，中国主管机关、办案机关也没有义务仅根据请求方的简单怀疑或者模糊线索调查在中国境内是否存在需协助没收的财物，更不能像在国内民事执行程序中那样责令被执行人报告其个人财产情况。如果请求国提供的需没收财物信息不够详细或者不足以确定在中国境内的执行标的，中国主管机关或者负责具体执行的办案机关可以根据《国际刑事司法协助法》第16条第1款第4项的规定，书面通知对外联系机关要求请求国在合理期限内提供补充材料。

（五）没收在请求国不能执行或者不能完全执行

这项法定条件表明协助没收违法所得应当遵循补充性原则，当位于请求国境内的财产足以满足本国的没收要求时，我国可以搁置该国关于协助没收位于中国境内财产的请求；当位于请求国境内的财产能够部分满足本国的没收要求时，我国仅在请求国不能完全执行没收的范围内协助该国补充执行没收。同时，这项法定条件也从另一个角度确认了等值没收制度的可适用性：即使外国违法犯罪活动产生的某些违法所得被转移到中国境内，只要外国犯罪嫌疑人、被告人在该外国境内有着可供执行没收的财物，包括合法来源的财物，也应当首先针对位于该外国境内的财产执行等值没收。例如，某人在请求国被指控犯有受贿50万美元的罪行，即使有证据表明该人将受贿款转移到中国境内并购置了房产，如果该人在请求国境内还拥有80万美元的存款，请求国应当首先针对该存款执行等值没收，即使该存款属于被告人的合法财产。当然，这一条件一般适用于违法所得属于可替代物（如钱款）的情况，如果违法所得是特定物（如文物），则另当别论。

除以上五项法定条件外，在是否协助外国没收违法所得及其他涉案财物问题上，我国立法机关赋予刑事司法协助主管机关一定的裁量权，《国际刑事司法协助法》第51条第6项允许主管机关为协助没收提出"认为应当满足的其他条件"；第52条第4项允许联系机关和主管机关根据"其他可以拒绝的情形"拒绝协助没收。在实践中，这种裁量权是十分必要的，是在没收事宜国际合作中贯彻公平公正原则的需要，也是实现国内法与国际法以及相关的外国法相互协调的需要，使得其他一些影响协助没收的因素和规范也能够得到适当的考虑。[1]

## 五、根据所有权证明返还财物之规则

返还与没收有时候存在着一定的联系，但从一定意义上讲，是两种不同的法律制度，没收是一种财产剥夺制度，返还则是一种财产处置制度。在国际刑事司法协助中，一方面，根据外国请求被协助没收的财物并不一定向任何人返还；另一方面，向外国返还的财物不一定以根据该外国请求采取没收措施为其前置程序。我国《国际刑事司法协助法》第53条专门调整返还问题，规定："外国请求返还违法所得及其他涉案财物，能够提供确实、充分的证据证明，主管机关经审查认为符合中华人民共和国法律规定的条件的，可以同意并安排有关办案机关执行。"在实践中，向外国返还违法所得及其他涉案财物可能发生在下列两种情况当中：一种情况是"没收后返还"，即对有关违法所得及其他涉案财物先行没收，随后向原所有人返还；另一种情况是"简易返还"，即不经没收程序，

---

〔1〕 例如，《联合国反腐败公约》第55条"没收事宜的国际合作"第7款规定："如果财产的价值极其轻微，也可以拒绝给予本条规定的合作"。

直接根据原所有人提供的合法所有权证明返还被查获的违法所得及其他涉案财物。

"没收后返还"所讲的"没收"，既可能是根据外国请求实行的没收，例如，外国诈骗案件的违法所得被转移到中国，中国根据外国的请求冻结并没收了该违法所得，随后又根据该外国的请求将被没收的资产返还给外国诈骗犯罪的财产被害人；也可能是在被请求国自己法律程序中实行的没收，例如，中国法院在审理走私汽车案时宣告没收走私的汽车，随后有外国人向中国主管机关证明被没收的走私汽车中有一辆为该外国人合法所有，是被走私者窃取的，中国主管机关根据该外国人的所有权证明向其返还被窃汽车。在没收后返还的情况下，各国应当遵循《联合国反腐败公约》第51、57条确立的"物归原主"原则，"在请求缔约国向被请求缔约国合理证明其原对没收的财产拥有所有权时，或者当被请求缔约国承认请求缔约国受到的损害是返还所没收财产的依据时，将没收的财产返还请求缔约国。"

"简易返还"是一种相对独立的返还形态，它通常发生在被请求国的刑事诉讼或者行政执法过程中，在这样的法律程序中，如果外国提供了对被查获的违法所得享有合法所有权的证据，被请求国刑事司法机关或者行政执法机关应当及时向其返还被查获的物品，除非需要作为证据使用这些物品。关于这一规则，我国《刑事诉讼法》第245条明确规定："对被害人的合法财产，应当及时返还。"根据这样的规定，公安机关、人民检察院和人民法院均享有决定实行"简易返还"的职权，只要外国财产被害人提交了符合要求的合法所有权证明并且有关财物尚未发生法律上的所有权转移，我国负责对刑事案件进行调查、侦查或者检控的机关都可以实行返还，无需等待法院判决。从这个意义上讲，除笔者前面论述的两种协助没收的方式外，"简易返还"构成根据外国请求协助追缴资产的一种特殊方式。不过，"简易返还"一般不适用于民事诉讼，在针对涉案财物存在民事诉讼的情况下，提出返还主张的外国当事人应当在该民事诉讼中与其他当事人平等地证明对有关财物的财产权，由法院最终决定财物的归属和返还问题。

"简易返还"的另一个特点是，它通常以特定物为对象，并且以有关财物仍保持着原有形态为适用条件。所谓特定物也被称为"不可替代物"，它具有自己独一无二的属性和特征，因而，其权利归属比较容易证明和辨别，例如字画、文物、汽车等，这些财物易于通过提供权属证书或者归属证明的方式证明和鉴别原所有人的财产权。对于种类物和"可替代物"，例如钱款、可替换的商品等，在没有证据可据以直接追溯被害人所有权的情况下，则不宜采用"简易返还"的方式；对于同其他物品发生了添附、混合或者受到加工并且难以在不影响第三人权利情况下恢复原状的物品，例如已镶嵌在戒指上的被窃钻石、处于加工中的橡胶原料等，也不宜实行"简易返还"。

在返还作为种类物的钱款问题上，也存在着某些特殊规则。2016 年 8 月 4 日原银监会、公安部发布的《电信网络新型违法犯罪案件冻结资金返还若干规定》第 8 条针对电信诈骗案件违法所得资金确定了"溯源返还"原则，开创了对种类物实行"简易返还"的实践，具体而言，如果冻结账户内仅有单笔汇（存）款记录，可直接溯源被害人，或者冻结账户内有多笔汇（存）款记录，按照时间戳记载可以直接溯源被害人，公安机关可以通过银行业金融机构将资金直接返还被害人。虽然这一做法在法律上还有一些尚需探讨和完善之处，但对于保护电信诈骗犯罪财产被害人的合法权益具有非常积极的作用。这几年，通过电信、网络等高科技手段进行诈骗等经济犯罪活动的案件迅速增加，并且表现出跨国有组织犯罪的特点，不仅有大量诈骗中国被害人的资金被非法转移到境外，也有不少境外被害人的被骗资金转移到了中国境内，原银监会、公安部上述法律文件所确立的"溯源返还"原则为通过国际刑事司法协助的途径快速解决相关违法所得的追缴与返还问题提供了重要依据。

　　无论是"没收后返还"还是"简易返还"，请求方均应当提供对相关财物享有合法权利的证据，而且，根据我国《国际刑事司法协助法》第 53 条的规定，该证据应当达到"确实、充分"的证明标准，这是最高等级的证明标准。实际上，"确实、充分"的证明标准，相对于"没收后返还"和"简易返还"这两种不同的返还情况，可以有不同的理解：在"没收后返还"情况下，先期经历的没收程序对有关财物的"违法所得"性质已经作出了证明，如果请求方能够进一步像《联合国反腐败公约》第 57 条所表述的那样"合理证明其原对没收的财产拥有所有权"，这两个阶段证明内容的叠加即可认为达到了"确实、充分"的程度。对于"简易返还"而言，由于没有经历专门的没收程序，请求方对其合法所有权的证明就应当更加严密，相关的证据在内容和形式上都应当充分确凿、无懈可击。

　　违法所得及其他涉案财物的返还也涉及经济补偿问题。在许多情况下，境外追赃的难度超过追逃，其原因之一就是各国在资产进出问题上不愿意做得不偿失的事情。针对这一实际问题，《联合国反腐败公约》第57条特别提到：被请求国在返还或者处置被没收的财产之前可以"扣除为此进行侦查、起诉或者审判程序而发生的合理费用"，我国《国际刑事司法协助法》第53条也规定："返还前，办案机关可以扣除执行请求产生的合理费用。"上述两种表述，后者宽于前者，"执行请求产生的合理费用"不仅涵盖为追缴财物而"进行侦查、起诉或者审判程序而发生的合理费用"，而且还包括为维护、保管、运输、移交被返还的财物而支出的合理费用。返还时的费用扣除可以采用两种不同的方式实现：对于资金，可以从被返还的资金数额中直接扣除；对于特定物（如文物）或者不可分割物（如汽车），则可以由请求方另行支付费用。经济补偿的另一种方式是被没收资产的分享。我国《国际刑事司法协助法》第49、54条分别对此作出规定，由于篇幅原因，在此不做论述。需要说明的是，被没收财物的分享应当发生在扣除合理费用之后，是对扣除费用后的资产净额的分配。

基于外国请求返还违法所得是一种国际刑事司法协助的形态，虽然财物返还的受益人通常是个人和企业，但是外国的返还请求应当通过《国际刑事司法协助法》规定的渠道和方式向我国提出，不宜由相关案件的财产被害人自行提出。实际上，返还请求通过国际刑事司法协助的途径提出对于财产被害人是十分有利的：一方面，将财产返还请求与国际司法合作义务联系在一起将大大增强该请求的规格和力度；另一方面，通过司法协助的途径提交相关文件和证据材料可以享受到相关的优待和便利，比如，《中华人民共和国和加拿大关于刑事司法协助的条约》第8条规定："根据本条约转递的任何文件及其译文，无须任何形式的认证。"在作出返还决定之后，具体的返还工作可以采用两种做法：一种做法是由我国主管机关将需返还的财物全部移交给请求国主管机关，再由请求国主管机关向财产被害人发还；另一种做法是我国主管机关根据请求国主管机关核实、确认的相关信息直接向财产被害人发还财物并办理交接手续。无论采用上述做法的哪一种，当财物的返还涉及物品或资金进出口问题时，仍需按照我国的相关法规办理手续和缴纳税费。[1]

---

〔1〕 关于这一规则，我国对外缔结的许多双边条约都有规定，例如，《中华人民共和国和俄罗斯联邦关于民事和刑事司法协助的条约》第 31 条规定，本条约的规定及其执行不得妨碍缔约双方各自执行其有关物品出境和金钱汇出的法律和规定。

第七章
# 刑事缺席审判与特别没收程序关系辨析[*]

2018年10月26日第十三届全国人民代表大会常务委员会第六次会议通过的《关于修改〈中华人民共和国刑事诉讼法〉的决定》引入了针对境外人员的缺席审判程序，这一程序的引入将对现行的逃匿、死亡案件违法所得没收程序（下文称之为"特别没收程序"）的适用提出新问题。这两种程序在有的情况下是相互兼容的，但在有些情况下则难以兼容并且需要保持各自的独立性。在刑事缺席审判制度引入后，我国办案机关应当清醒地认识上述两种特别程序的不同性质和适用条件，根据案件的具体情况，认真从法律上和效果上分析采用相关程序的利弊得失，进行合法合理的选择和搭配，趋利避害，寻求境外追逃追赃的最佳结果。

## 一、均针对逃匿案件却具有不同法律性质和适用条件

根据新《刑事诉讼法》第298条第1款的规定，"对于贪污贿赂犯罪、恐怖活动犯罪等重大犯罪案件，犯罪嫌疑人、被告人逃匿，在通缉一年后不能到案，或者犯罪嫌疑人、被告人

---

＊ 本章内容曾发表于《法律适用》2018年第23期。

死亡"，即可提起特别没收程序。根据新《刑事诉讼法》第291条第1款的规定，"对于贪污贿赂犯罪案件，以及需要及时进行审判，经最高人民检察院核准的严重危害国家安全犯罪、恐怖活动犯罪案件，犯罪嫌疑人、被告人在境外"，可以采用缺席审判程序，全国人民代表大会宪法和法律委员会关于《中华人民共和国刑事诉讼法（修正草案）》修改情况的汇报确认："建立缺席审判制度是从反腐败追逃追赃角度提出的"[1]。由此看来，这两个特别程序在立法目的上是基本一致的，并且主要指向相似的诉讼对象，从一定程度上讲，都是出于逃匿案件追逃追赃的需要而提出和创设的。但是，这两种特别程序有着各自特殊的法律性质。

特别没收程序所要解决的是财物问题，虽然它被设置在刑事诉讼中，却不涉及被告人刑事责任的认定，仅仅审查申请没收的财产是否属于违法所得及其他涉案财产[2]；它的诉讼当事人，除提出没收申请的检察机关外，主要是犯罪嫌疑人、被告人的近亲属和其他利害关系人。显然，犯罪嫌疑人、被告人逃匿、死亡案件违法所得没收程序应当理解为一种特殊的刑事附带民事诉讼，而且是一种典型的"对物"（in rem）民事诉讼，遵循的是民事诉讼的举证规则和证明标准，在这种诉讼中，法院甚至可以在没有任何人参与的情况下根据检察机关的没收申请及其支持该申请的证据材料作出没收裁决，就像在

---

〔1〕 参见全国人大常委会2018年发布的《中华人民共和国刑事诉讼法（修正草案）（二次审议稿）》，载中国人大网，http://www.npc.gov.cn/npc/lfzt/rlyw/node_34734.htm.

〔2〕 参见《最高人民法院、最高人民检察院关于适用犯罪嫌疑人、被告人逃匿、死亡案件违法所得没收程序若干问题的规定》第15、16条。

"认定财产无主案件"民事诉讼特别程序中法院可以在"无人认领"情况下判决财产无主一样。[1]

刑事缺席判决程序所要解决的则是被告人的刑事责任问题，尽管也可能有附带民事问题需审理，但仍是一种纯粹的刑事诉讼程序。被告人虽然在审判中缺席，但同样是诉讼活动的主角，他在诉讼程序中以特殊方式的参与仍然是必不可少的。在审理定罪量刑问题时，法院应当遵守刑事诉讼法规定的各项基本原则，确保犯罪嫌疑人、被告人各项诉讼权利的行使，并且严格遵守刑事诉讼的举证规则和证明标准，以证据确实、充分并对所认定事实已排除合理怀疑作为定罪量刑的条件。因而，相对于特别没收程序，刑事缺席审判是一种更加复杂、困难、法律要求更为严格的诉讼程序。

在适用条件方面，刑事缺席审判程序和特别没收程序也存在着差别，尽管针对的都是犯罪嫌疑人、被告人在逃案件。特别没收程序所讲的"犯罪嫌疑人、被告人逃匿"是一个比较宽泛的概念，它不区分逃匿境外还是逃匿境内，那些受到公安机关发布的国内通缉令通缉的在逃人员也可认为处于该特别程序适用所要求的"逃匿"状态。然而，刑事缺席审判程序所要求的逃匿状态则比较狭窄，仅限于"犯罪嫌疑人、被告人在境外"的情况，这里所说的"在境外"既指藏匿境外，也包括在境外有着公开、合法居所的情况，但排除在境内逃匿的情况，因而，如果没有确切的证据证明犯罪嫌疑人、被告人实际处于我国领域之外，则不能对该人提起刑事缺席审判程序。

此外，由于特别没收程序也适用于犯罪嫌疑人、被告人死

---

[1] 参见《民事诉讼法》第二编第十五章第五节。

亡的案件，因而，当犯罪嫌疑人、被告人生死不明、杳无踪迹时，只要法定通缉期限届满，也可以采用特别没收程序追缴相关资产，对此，最高人民法院、最高人民检察院《关于适用犯罪嫌疑人、被告人逃匿、死亡案件违法所得没收程序若干问题的规定》第3条第2款规定："犯罪嫌疑人、被告人因意外事故下落不明满二年，或者因意外事故下落不明，经有关机关证明其不可能生存的，依照前款规定处理。"然而，刑事缺席审判则不能适用于上述"失踪"情况，不仅犯罪嫌疑人、被告人在境外死亡的，不能针对死者进行缺席审判，而且，如果犯罪嫌疑人、被告人在潜逃境外后的一定时期内生死不明、杳无下落，也因不能准确认定其是否仍处于"在境外"状态且无法向其通知和送达相关的诉讼文书及信息而不符合提起缺席审判的法定条件。

犯罪嫌疑人、被告人逃匿、死亡案件违法所得没收程序是《联合国反腐败公约》所特别倡导的一种追赃手段，该公约第五编"资产的追回"第54条第1款特别要求各缔约国均应当根据其本国法律，"考虑采取必要的措施，以便在因为犯罪人死亡、潜逃或者缺席而无法对其起诉的情形或者其他有关情形下，能够不经过刑事定罪而没收这类财产。"因此，我国现行的特别没收程序有着坚实的国际法基础，可以获得各国资产追回及相关国际合作法制的普遍认可。有观点认为，《联合国反腐败公约》第54条的上引表述意味着要求各国法制引入对外逃人员的刑事缺席审判制度，[1]笔者认为这种观点是错误的

---

〔1〕　参见张倩：《国际反腐公约将生效 缺席审判如何终结外逃贪官》，载《北京青年报》2003年10月13日。也参见梁园园：《论我国外逃贪官缺席审判制度的构建——以〈联合国反腐败公约〉资产追回机制为视角》，载《广西政法干部管理学院学报》2012年第1期。

和没有根据的，《联合国反腐败公约》第 54 条所讲的在死亡、潜逃或者缺席情况下的法律程序仅仅是一种"对物之诉"，不涉及定罪量刑的刑事审判，该公约明确将此做法称为"不经过刑事定罪而没收这类财产"。实际上，刑事缺席审判制度由于涉及刑事诉讼被告人的最低权利保障问题，并没有得到多数国家法制的认可，尤其是在各国开展的引渡合作中，通过缺席审判获得的判决一般都会被谨慎对待，甚至受到排斥，《联合国引渡示范条约》第 3 条第（g）项将"请求国的判决系缺席判决，被定罪的人未获有审判的充分通知，也没有机会安排辩护，没有机会或将不会有机会在其本人出庭的情况下使该案获得重审"确定为"拒绝引渡之强制理由"。[1]这是在特别没收程序和刑事缺席审判这二者关系问题上应当特别注意的一个问题。

## 二、违法所得没收相对于定罪量刑更易审理和执行

从立法目的上讲，特别没收程序与刑事缺席审判都是境外追逃追赃的法律措施，但相对于后者，前者具有一些明显的便利之处或者说优势，即使在某些情况下这两者的适用条件是相互兼容的并且都意图实现资产追缴的目的。

第一大优势是送达便利。根据我国《刑事诉讼法》的相关规定，犯罪嫌疑人、被告人逃匿、死亡案件违法所得没收程序是采用公告形式解决送达问题，人民法院受理没收违法所得

---

[1] 该《引渡示范条约》经联合国预防犯罪和罪犯待遇大会 1990 年 45/116 号决议通过，并经 1997 年第 52/88 号决议修订，其文本载联合国毒品和犯罪问题办公室：《联合国预防犯罪和刑事司法标准和规范简编》，联合国出版物 2008 年，第128~129 页。

的申请后，应当发布公告，公告期间为 6 个月，公告期满后对没收违法所得的申请进行审理。虽然在一些特殊情况（例如逃匿境外的犯罪嫌疑人、被告人具有明确住所，且因没收裁决需在外国执行而应当满足外国法律关于诉讼通知的条件）下也会借助司法协助向在逃人员实行文书送达，但这种针对在逃人员的文书送达只是一种送达的补充方式，不影响公告送达的法定效力，而且，由于违法所得没收程序只涉及财物问题，文书内容只是诉讼告知，而不是刑事传唤，由于此种告知不具有任何强制性，被请求国一般不会对其设置障碍。

对于刑事缺席审判来说，境外文书送达则是一件比较困难的事情。根据新《刑事诉讼法》第 292 条的规定，"人民法院应当通过有关国际条约规定的或者外交途径提出的司法协助方式，或者被告人所在地法律允许的其他方式，将传票和人民检察院的起诉书副本送达被告人。"这一规定在实践中的执行将可能遇到重重困难，因为刑事司法协助中的文书送达一般是以证人、鉴定人为对象，在送达出庭通知问题上，往往会将被告人排除在刑事司法协助范围之外，我国与外国缔结的许多刑事司法协助条约（协定）明确规定："对于要求某人作为被告人出庭的文书，被请求方不负有执行送达的义务。"[1]因而，一些刑事缺席审判案件可能会因文书送达方面的困难或障碍而被长期拖延，甚至永久搁置。

第二大优势是举证便利。违法所得没收程序将没收问题与定罪量刑问题分开处理，不去审查在逃或死亡的犯罪嫌疑人、

---

[1] 参见《中华人民共和国政府和美利坚合众国政府关于刑事司法协助的协定》第 8 条第 1 款。

被告人是否实施了犯罪，而仅仅审查申请没收的财物是否属于应当追缴的违法所得；违法所得没收的性质更多地表现为"恢复原状"，而不是处罚，因而在相关审理中可以不受"无罪推定"原则的约束。由于仅仅解决财物问题，在举证问题上采用的基本上是民事诉讼的规则，被申请没收的财物的利害关系人，无论是犯罪嫌疑人、被告人的近亲属，还是其他第三人，均有责任提交支持其财产主张的证据材料。对于检察机关和利害关系人各自提出的证据材料，法院将根据民事诉讼的优势证据标准，如果认为申请没收的财产"具有高度可能属于违法所得"[1]，即可作出没收裁决。同时，违法所得没收程序可以在一定范围内运用推定制度，根据一定的事实推定有关财物属于违法所得；由于这种推定不将违法所得财产与特定犯罪事实挂钩，即使认定特定犯罪事实的证据尚未达到"确实、充分"的程度，法院仍可因利害关系人不能提供财物合法来源并"达到相当证明标准的"证据材料而将申请没收的财产"视为"违法所得并予以没收。[2]

在举证问题上，刑事缺席审判会面临相当复杂的情况。目前我国的刑事诉讼通常将违法所得没收问题与定罪量刑问题一并审理和裁决，因而，对财物非法来源的审查和认定往往会同关于犯罪事实以及被告人刑事责任的认定紧紧交织在一起，当认定犯罪事实以及被告人刑事责任所依据的证据不足以达到确实、充分并排除合理怀疑的程度时，长期形成的思维定式以及

---

〔1〕 参见《最高人民法院、最高人民检察院关于适用犯罪嫌疑人、被告人逃匿、死亡案件违法所得没收程序若干问题的规定》第17条第1款。

〔2〕 参见《最高人民法院、最高人民检察院关于适用犯罪嫌疑人、被告人逃匿、死亡案件违法所得没收程序若干问题的规定》第17条第2款。

对"无罪推定"原则的宽泛理解可能使审理案件的法官难以单独裁决没收财产。此外，在法院对案件进行缺席审理过程中，境外的被告人及其律师也可能提出一些新的取证要求或证据线索，并且有意无意地为调查取证尤其是境外调查取证制造一些困难或麻烦，这种情况有时候会造成刑事审判程序旷日持久；还有一些外逃人员则可能出于一种更为恶劣的心理，希望借助缺席审判程序与中国司法机关打一场诉讼战和宣传战，他们不惜花重金聘请最好的律师，相互串通，混淆视听，利用各种媒体、互联网和宣传机器，把自己打扮成无辜者和受迫害者。所有这些情况都会大大增加刑事缺席审判的难度，导致定罪量刑问题拖累甚至埋没违法所得没收问题。

　　第三个优势是执行便利。在违法所得没收程序中，特别没收程序对没收财产的执行来说比较具有可操作性。即使被宣告没收的财产已经转移到境外，也可以设法通过相互承认和执行没收裁决的国际合作实现资产的追回。许多国家法律对外国没收裁决的执行规定了较为适度的条件，一般不以"定罪"为条件，[1] 2007 年《联合国刑事司法协助示范法》第 24 条就执行外国没收令的条件提出的三种备选方案，没有一种方案要求

---

　　[1]　在协助外国没收违法所得问题上，2018 年 10 月 26 日通过的我国《国际刑事司法协助法》也没有把"定罪"确定为承认与执行外国没收裁决的条件，该法第 51 条规定，主管机关经审查认为符合下列条件的，可以同意协助没收违法所得及其他涉案财物，并安排有关办案机关执行：①没收违法所得及其他涉案财物符合中华人民共和国法律规定的条件；②外国充分保障了利害关系人的相关权利；③在中华人民共和国有可供执行的财产；④请求书及所附材料详细描述了请求针对的财物的权属、名称、特性、外形和数量等信息；⑤没收在请求国不能执行或者不能完全执行；⑥主管机关认为应当满足的其他条件。

以"定罪"为条件，这在一定程度上反映了上述发展趋势；[1]一些国家法律明确规定，即使有关人员因潜逃或者死亡而没有参加关于没收资产的庭审活动，外国主管机关在合法发出庭审通知后作出的没收裁决同样可以执行。[2]在审理李华波贪污案时，江西省上饶市中级人民法院在李华波外逃期间采用特别没收程序对其违法所得作出没收裁决，随后将此没收裁决提请新加坡法院承认和执行，2015年11月12日新加坡法院宣布：根据新加坡《刑事司法协助法》第30条，将中华人民共和国江西省上饶市中级人民法院2015年3月3日针对李华波违法所得财产作出的没收裁决予以登记，2016年6月29日新加坡法院裁定执行经新加坡法院登记的上饶市中级人民法院没收裁决，对李华波转移到新加坡的两千余万元违法所得予以没收，并将被没收的资产返还给财产受害方江西省鄱阳县。[3]

在判决执行问题上，刑事缺席审判可能存在较大的不确定性。对于违法所得追缴和没收财产刑来说，如果被判刑人的财产位于我国境内，相关判决是可以执行的或者在一定范围内是可以执行的；但是，如果需要追缴或没收的财产处于境外，法律困难或障碍将因缺席审判的性质而产生，因为对逃匿者实行缺席审判不是能得到多数国家认可的刑事诉讼程序，尤其是在英美法系国家，庭审的对抗式是刑事诉讼控告制的基本体现，

---

〔1〕 中译本载黄风：《中华人民共和国国际刑事司法协助法立法建议稿及论证》，北京大学出版社2012年版，"附录三 联合国刑事司法协助示范法（2007）"。

〔2〕 参见汤加《2000年刑事司法协助法》（Mutual Assistance in Criminal Matters Act 2000）第13条第3款（b）项和毛里求斯《2003年刑事司法协助和相关事项法》（The Mutual Assistance in Criminal And Related Matters Act 2003）第12条第3款（b）项。

〔3〕 参见陈雷：《特别没收程序与国际追赃工作实务》，中国方正出版社2018年版，第188~195页。

对逃匿者的缺席审判会被认为违反"正当程序"原则。[1]更何况，在我国的刑事审判实践中，对违法所得的追缴通常是在定罪量刑的判决中与其他刑罚一并宣告的，除采用特别没收程序的情况外，是不会单独制作没收违法所得裁决文本的，在这种情况下，我们很难将缺席审判的判决书进行分解，只请求外国法院承认与执行该判决书中违法所得追缴部分，而回避该判决书可能判处的监禁刑及财产刑的执行问题。

### 三、在哪些情况下应当先行提起违法所得没收程序

在境外追逃追赃工作中，我们应当特别注意研究国际条约规范以及相关外国的法律制度，使相关法律手段的选择和采用与上述规范及制度相协调，从而国内国外形成合力，避免一厢情愿的单打独斗，有时候，为了国际刑事合作的需要或者较高目的的实现，需要作出一定的克制或妥协，就像在引渡合作中作出必要的限制追诉承诺或者量刑承诺一样。在特别没收程序和刑事缺席审判程序的运用问题上，我们同样应当站在国际刑事合作和有效行使司法权的高度，权衡利弊得失，作出合情、合理、合法的选择与安排，在某些情况下只能先行采用特别没收程序，避免采取或者暂缓启动刑事缺席审判程序，笔者认为这样的情况至少包括以下五种：

（一）犯罪嫌疑人、被告人逃匿境外的状态尚未确定

根据新《刑事诉讼法》第 291 条的规定，缺席审判程序是一个典型的涉外诉讼程序，它的适用严格以"犯罪嫌疑人、

---

〔1〕　在承认与执行外国没收裁决问题上，《美国法典》第 2467 条要求请求国官员出具宣誓书保证：没收程序是"依照'正当程序'原则进行的"。

被告人在境外"为前提条件，对于可能藏匿境内的犯罪嫌疑人、被告人不应当启动缺席审判程序，不间断的境内搜寻与缉捕是我国执法机关和司法机关不可推卸、不可懈怠的职责和义务。在腐败案件的追逃追赃中，一些逃匿的犯罪嫌疑人、被告人行踪尚不确定，虽然有迹象表明已经潜逃境外，但办案机关并不掌握逃匿者在境外出现的证据并且尚未锁定其在境外的藏匿处所。在这种情况下不能排除以下两种可能性：一种可能性是犯罪嫌疑人、被告人仍然藏匿在境内。以"百名红通人员"为例，浙江省委党史研究室原公职人员周骥阳 2008 年 12 月因涉嫌合同诈骗罪潜逃，2015 年"百名红通人员"名单公布时疑似外逃地被标注为中国香港，然而，直到 2017 年 12 月被缉捕归案，九年来周骥阳的真正藏匿地点却是在境内。[1]另一种可能性是犯罪嫌疑人、被告人在境外死亡。仍以"百名红通人员"为例，已公布的归案人数中有两人属于被确认在境外死亡的情况。[2]无论是藏匿境内还是在境外死亡，这两种情形均应排除在刑事缺席审判的适用范围之外。

通过国际刑警组织发布红色通缉令，只能表明被通缉的犯罪嫌疑人、被告人处于逃匿状态，但不能成为认定该人处于"潜逃境外"状态的根据。对于那些逃匿后下落不明或者说处于"失踪"状态的外逃人员，在条件具备时，应当及时启动特别没收程序以追缴其违法所得，虽然不能对其进行刑事缺席审判。

---

〔1〕 瞿芃：《追逃追赃一刻不停歇——写在第 50 名"百名红通人员"到案之际》，载《中国纪检监察报》2017 年 12 月 6 日。

〔2〕《40 名"百名红通人员"已归案 天涯海角一追到底》，载人民网，http://politics.people.com.cn/n1/2017/0421/c1001-29226787.html.

　　（二）犯罪嫌疑人、被告人处于或者可能进入引渡或遣返审查程序

　　针对外逃人员，缺席审判与引渡可以说是两个不兼容甚至相互抵触的制度，由于世界上多数国家不接受针对外逃人员的缺席审判制度，依据在缺席审判中作出的定罪判决提出的引渡请求遭遇到普遍拒绝，因而在引渡合作中，保留缺席审判制度的国家往往面临这样的抉择：或者坚持缺席审判并放弃同相关国家开展引渡合作的机会，或者选择开展引渡合作并自认缺席审判不具有"已决案"的效力。我国关于国际刑事司法合作的立法也对外国的缺席审判制度持保留的态度，我国《引渡法》第8条第8项将"请求国根据缺席判决提出引渡请求的"规定为拒绝引渡的强制性理由之一，同时规定：只有当"请求国承诺在引渡后对被请求引渡人给予在其出庭情况下重新审判机会"时，才能对相关引渡请求作为例外加以考虑。我国与外国缔结的双边引渡条约也谨慎处理缺席审判问题。[1]除引渡合作外，通过缺席审判科处的刑罚也会给移民法遣返带来麻烦。那些不接受刑事缺席审判制度的国家不仅不会把缺席审判中的定罪量刑视为外国人在境外涉嫌"严重的非政治犯罪"的根据，反而可能以刑事缺席审判不符合刑事诉讼最低保障标准为理由怀疑存在"司法不公"或者"政治迫害"的情形，从而考虑乃至接受外逃人员的庇护申请，甚至对其给予特别

--------

　　〔1〕　例如，《中华人民共和国和法兰西共和国引渡条约》第3条第6项将"请求方根据缺席判决提出引渡请求，并且请求方没有保证在引渡后重新进行审理"规定为"应当拒绝引渡的理由"。

保护。[1]

当我国主管机关已经或者准备针对在逃人员提出引渡请求时，当外国主管机关正在或者准备对在逃人员进行身份甄别并考虑是否采取移民法遣返措施时，或者当外国主管机关正在审理外逃人员提出的政治庇护申请或难民申请时，我国办案机关在刑事缺席审判问题上应当保持克制态度，只有在被请求国作出不引渡的最终决定之后，或者在外国主管机关作出给予政治庇护或者难民保护的最终决定之后，才能考虑依法启动刑事缺席审判程序。但是，在上述情况下，违法所得没收程序不会对国际引渡合作或移民法甄别及遣返程序产生任何负面影响，完全可以在条件具备时先行提起。

（三）向境外犯罪嫌疑人、被告人送达诉讼文书或与之联系遇到障碍

在向潜逃境外的犯罪嫌疑人、被告人送达诉讼文书和告知有关的诉讼信息过程中，可能会遇到以下情况：①逃匿地国家主管机关拒绝采用司法协助的方式向犯罪嫌疑人、被告人送达文书；②我国与逃匿地国家尚未建立正常的刑事司法协助关系，甚至没有建立外交关系，因而无法开展关于送达文书的司法协助；③办案机关虽然已经锁定潜逃境外的犯罪嫌疑人、被告人在境外某一城市、街区或者住区的位置，但并不掌握其住所或躲藏居所的门牌号码或者准确地点，通过司法协助方式送

---

〔1〕 1985 年意大利法院通过缺席审判认定 Cesare Battisti 对四起谋杀罪和其他一些暴力犯罪事实负责，对其判处无期徒刑，并向法国提出引渡请求，法国司法机关最终拒绝了意大利的引渡请求，主要理由就是引渡请求所依据的判决是在缺席审判中做出的。Cesare Battisti 随后流亡到了墨西哥和巴西，一度曾在巴西获得政治庇护。

达的诉讼文书被以"所示地址不详而无法执行"为由退回；④外国主管机关在根据司法协助请求书列举的地址送达时发现受送达人已不在该地点居住，或者该地点查无此人。在上述情况下，如果犯罪嫌疑人、被告人或者其近亲属没有委托辩护律师，并且不接受任何其他送达和通知的方式，向境外犯罪嫌疑人、被告人送达诉讼文书或者与之联系将面临难以克服的困难。

上述送达不能的情况不影响针对违法所得的特别没收程序，因为该程序的法定送达方式是公告送达，但对于刑事缺席审判则构成难以逾越的法律障碍。这也提醒我们：在提起刑事缺席审判之前，负责案件调查的监察机关和负责审查起诉的检察机关应当把文书送达以及与境外犯罪嫌疑人、被告人联系作为一项重要的工作去开展和推进，并且把这项工作的成效作为决定是否提起缺席审判的重要因素加以考虑，而不宜简单地把文书送达问题推给审理案件的法院去处理，否则会导致一些案件在审判环节陷入困境，以致被无限期搁置，使得缺席审判程序的采用背离了立法初衷。

（四）涉案财产已被转移到境外并需要借助国际合作加以追缴

正如我们前面谈到的，在缺席审判中作出的定罪量刑判决，由于有违反"正当程序"之嫌，不会受到大多数国家法制的承认与执行，尤其不会受到英美法系国家法制的承认与执行。即使是在相互有着较为密切合作关系的国家之间，通过缺席审判科处的刑罚同样难以获得承认与执行，例如，针对承认与执行产生于缺席审判的刑事判决问题，1970 年缔结于海牙的《关于刑事判决国际效力的欧洲公约》规定了一套相对于普通刑事判决更为严苛的规则与程序，如果被请求国打算审理请求国提出的关于承认与执行刑事缺席判决的请求，它应当向受到缺席判决的人直接送达请求国的请求文件；受到缺席判决的人有权在文书送达后的 30 日内针对缺席判决向请求国或者被请求国主管机关提出异议，并且有权选择是由请求国主管机关还是被请求国主管机关对该异议进行审理。[1]这实际上意味着在承认与执行刑事缺席判决问题上，被请求国对相关请求及判决书的审查是相当宽泛的，有权对判决书所涉及的实质问题进行审查，也就是说，有权对请求国法院定罪量刑的事实依据和法律依据进行全面审查；相反，在执行违法所得没收裁决问题上，各国法律通常只要求进行形式要件的审查，而不进行实质性审查。[2]所以，当涉案财产已经被转移到国外并且需要相关外国通过相互承认与执行刑事判决来协助追缴资产时，即使仅仅请求承认与执行判决的违法所得追缴或财产刑部分，也必须接受被请求国主管机关极为严格的审查，获得国际合作的可能性微乎其微。

　　既然在违法所得没收程序中作出的没收裁决比较容易借助国际合作在境外获得执行，在涉案财产已被转移到境外的情况下，我们理所当然地应当选择先行提起特别没收程序，不必急于启动刑事缺席审判程序，避免把简单的事情复杂化，避免事倍而功无的结果。

---

　　〔1〕　See European Convention on the International Validity of Criminal Judgments, Article 23 and Article 24.

　　〔2〕　例如，《美国法典》第 2467 条（e）款规定，在决定执行外国没收裁决时，法院应当在外国没收裁决所描述的事实范围内接受该裁决事实认定的约束。

（五）缺席审判可能旷日持久并且涉案财物不宜长期封存或扣押

新《刑事诉讼法》没有为缺席审判规定任何期限，实际上，由于各种各样的原因，刑事缺席审判的进程可能是旷日持久的：一方面，通过国际司法协助方式送达诉讼文书需要经历从请求方办案机关—请求方中央主管机关—请求方联系机关—被请求方联系机关—被请求方中央主管机关—被请求方执行机关等多环节的转递过程，还需要考虑到预定的庭审时间必须为被传唤人留足准备时间；[1]于 2018 年 10 月 26 日通过的我国《国际刑事司法协助法》第 22 条第 2 款规定："请求协助送达出庭传票的，应当按照有关条约规定的期限提出。没有条约或者条约没有规定的，应当至迟在开庭前 3 个月提出。"从各国司法协助的实践情况看，一次文书送达的周期通常在 6 个月以上；如果再遇到受送达人地址需进一步查明或确定等执行上的困难，花费在文书送达方面的时间将是大量的。另一方面，在缺席审判过程中，被告人会竭力向法院提供各种试图证明自己无罪或者罪轻的证据材料，并凭借自己身处境外的有利条件将调查取证工作复杂化、公开化或者国际化，甚至造成相关的审判进程陷入僵局。此外，还可能发生这样的情况：潜逃境外的犯罪嫌疑人、被告人在逃匿地受到外国法院的刑事审判并且需要较长时间处于羁押或者服刑状态。面对上述遥遥无期的可能性，有时候资产追缴工作是不容拖延的，法律和司法实践往往

---

〔1〕　例如，《中华人民共和国和澳大利亚关于刑事司法协助的条约》第 9 条第 2 款规定："请求方要求有关人员到其境内出庭的文书送达请求，应当在不迟于预定的出庭日 60 天前转递给被请求方。"

对涉案财产的查封、扣押或冻结规定了一定的期限，不允许某些民事法律关系或债权债务关系长期处于不确定状态，并且尽量避免因这种不确定状态而造成新的不公正或不公平，同时，财物处置上的拖延也可能导致一些财产发生贬值或灭失，或者导致财产受害人遭受实际的或者更大的损害。

及时运用特别没收程序解决对涉案财产的来源及归属问题进行调查和认定，是防止出现上述诉讼困境并有效维护财产关系公平正义的正确法律对策，也是境外追逃追赃工作中应予考虑的一种合理、务实的选择，这样做有利于最大限度地减少犯罪所造成的侵害，最大限度地实现刑事司法对相关犯罪的威慑和预防作用。

## 四、在两程序合并采用情况下仍需保持各自独立性

除了刑事追诉的宣示效应以外，对外逃人员进行缺席审判的实际效果可能更多地体现在财产刑上，因为缺席审判所科处的剥夺人身自由刑对于身处国外者来说实际上是不能执行的，然而，如果被判刑人在国内拥有财产，包括来源合法的财产，则可以在没收违法所得的同时运用《刑法》规定的罚金刑和没收财产刑对其进行惩罚。从这个意义上讲，刑事缺席审判与特别没收程序可以相辅相成并相互兼容，或者说，在某些情况下，特别是当不存在本章第三部分所列举的情况时，可以将违法所得没收程序融入刑事缺席审判当中，两者可以同时提起。即使是在这样的情况下，仍然需要注意两种程序的不同性质，权衡利弊得失，在必要时保持或者恢复违法所得没收程序的相对独立性。为此，笔者认为以下三个问题值得认真研究：

（一）能否在缺席审判程序停顿状态下独自开展违法所得没收程序

在检察机关已向人民法院提起缺席审判程序之后，也可能出现某些情形要求对外逃人员的缺席审判暂缓进行或者影响缺席审判程序的正常进行，譬如，对外逃人员的引渡或者遣返的可能性因引渡条约的缔结、个案引渡协议的达成[1]、移民法遣返条件的出现而发生柳暗花明的情形；本来已锁定其境外居住地点的外逃犯罪嫌疑人、被告人突然失踪，原居所不再能够成为文书送达的目的地，与该犯罪嫌疑人、被告人失去其他联系渠道，因而无法向其送达和通知诉讼信息和文件；外逃的犯罪嫌疑人、被告人在缺席审判过程中针对被指控的犯罪事实提出新的证据线索，并且需要通过较为复杂和漫长的程序进行证据调取或核实工作，等等。在这样的特殊情形下，为确保司法公正和违法所得没收进程不受阻碍，可以考虑暂时停顿缺席审判程序并独自进行违法所得没收程序。

在程序启动问题上，刑事缺席审判的提起可以当然地涵盖违法所得没收申请的提出，因为刑事缺席审判是综合性审判，在审理定罪量刑问题的同时"并对违法所得及其他涉案财产作出处理"[2]，况且相对于特别没收程序的启动条件——犯罪嫌疑人、被告人"在通缉一年后不能到案"和"有证据证

---

[1]　一些在引渡问题上采取"条约前置主义"国家的新近引渡立法允许在条件具备时通过针对个案达成"特定协议"的方式开展引渡合作，尽管与引渡请求国尚未缔结引渡条约，例如，加拿大《1999年引渡法》第10条和英国《2003年引渡法》第194条都对此作出规定，因此，不排除在某些特定条件成熟时出现依据个案协议开展引渡合作的可能性。

[2]　参见《刑事诉讼法》第292条的表述。

明有犯罪事实"〔1〕——提起刑事缺席审判的两个条件，即
"犯罪嫌疑人、被告人在境外"和"犯罪事实已经查清，证据
确实、充分"更加明确和严格，提起刑事缺席审判的较高标
准自然吸收了启动特别没收程序的较低标准。因此，如若在缺
席审判程序停顿期间独自展开违法所得没收程序，不需要另行
依照新《刑事诉讼法》第298条的规定提出申请。但新《刑
事诉讼法》第299条为特别没收程序规定的公告程序是必不可
少的，也就是说，只有在发出受理没收违法所得申请的公告并
且公告期满之后，才能在停顿的缺席审判进程中独自展开特别
没收程序。对于法院在缺席审判进程中作出的没收裁定，犯罪
嫌疑人、被告人的近亲属和其他利害关系人或者人民检察院可
以单独提出上诉、抗诉，在该裁定发生法律效力后应当立即付
诸执行，虽然已提起的缺席审判程序仍然处于停顿状态。

（二）在缺席审判没有作出定罪判决情况下能否裁定没
收违法所得

对这个问题的回答应该是肯定的。没收违法所得是一种非
刑罚措施，它针对的是来源非法的财物，没收违法所得的目的
是恢复遭到违法或犯罪行为破坏的财产关系，这种措施的采用
意味着财产关系上的恢复原状（re-establish the status quo
ante），正如德国刑法学家乌尔里希·齐白（Ulrich Sieber）教
授所说，"构成违法所得的资产在经济上应当从流通中加以剔
除，因为这种资产使得那些能够借助它的人取得不公平竞争的

---

〔1〕 参见《最高人民法院、最高人民检察院关于适用犯罪嫌疑人、被告人逃
匿、死亡案件违法所得没收程序若干问题的规定》第9、10条。

优势。如果巨额违法所得进入流通领域，它们就具有实力破坏合法经济。""当民法至多只能够否定某一非法交易的效力时，那种起着恢复原状作用的没收措施就成为对民法所无法实现的功能的弥补。此外，有时候受到犯罪损害的人并不能采取法律手段恢复原状，这时国家必须挺身而出。"[1]对违法所得的没收也是对以下刑事司法基本原则的贯彻——任何人不得保留通过犯罪而获得的物质利益。[2]这里所说的"任何人"，不仅仅指被告人，而且包括持有相关财物的任何第三人，因而没收违法所得可以完全与财物持有人的刑事责任问题无关，只要能够证明有关财物的来源是非法的，即使被告人被指控的犯罪不能得到最终认定，或者作为财物持有者的第三人被证明与犯罪无关，均可针对来源非法的财物依法予以没收。由此看来，对于这种针对违法所得的没收措施不宜机械地套搬无罪推定原则，因为它"不能与刑事制裁相提并论"[3]。

　　在缺席审判中，如果由于证据不够充分而不能认定被指控的犯罪事实，但根据"具有高度可能"的证明标准足以认定有关财物属于违法所得或者来源非法的财产，仍可以在作出无

---

　　〔1〕　转引自 Jon Petter Rui, Ulrich Sieber, "Non-Conviction-Based Confiscation in Europe"，载德国 Max-Planck 外国刑法与国际刑法研究所编辑的文集 *Non-Conviction-Based Confiscation in Europe*：*Possibilities and Limitations on Rules Enabling Confiscation without a Criminal Conviction*，Berlin 2015，p. 294.

　　〔2〕　这一基本原则已写入越来越多国家的刑法典，例如《塞尔维亚共和国刑法典》第 91 条第 1 款，中译本参见《塞尔维亚共和国刑法典》，王立志译，中国人民公安大学出版社 2011 年版，第 45 页。

　　〔3〕　参见欧洲人权法院于 2004 年 2 月 10 日就 Butler v. United Kingdom 案所作出的判决。转引自德国 Max-Planck 外国刑法与国际刑法研究所编辑的文集 *Non-Conviction-Based Confiscation in Europe*：*Possibilities and Limitations on Rules Enabling Confiscation without a Criminal Conviction*，Berlin 2015，p. 263.

罪判决的同时作出没收违法所得的裁决，在这种情况下，虽然两种不同的裁决是在同一判决中宣告的，违法所得没收程序应当注意保持其相对独立性，这意味着，除在没收问题上采用独立的证据标准外，还应当注意保持对物之诉的相应特点，完成没收申请公告程序，确保利害关系人诉讼权利的行使。有所不同的是，对于含有没收违法所得内容的无罪判决，应当允许犯罪嫌疑人、被告人的近亲属和其他利害关系人针对判决中没收违法所得部分提出上诉。

（三）在缺席审判程序完成后对新发现的违法所得能否予以没收

对违法所得的"审判后追缴"是近几年来刑事司法越来越关注的一个问题。在国外，一些国家的法律是允许对在刑事定罪量刑程序结束后发现的违法所得单独进行追缴的，例如，根据英国《2002 年犯罪收益追缴法》第 6 条和第 14 条的规定，自定罪之日起两年内，法院可以根据检察官或者资产追缴局局长（director of asset recovery agency）的要求启动独立的没收程序并作出没收犯罪收益的裁决。[1] 在我国，2015 年 1 月 24 日中共中央办公厅和国务院办公厅转发的《关于进一步规范刑事诉讼涉案财物处置工作的意见》第 9 条特别提到："对审判时尚未追缴到案或者尚未足额退赔的违法所得，人民法院应当判决继续追缴或者责令退赔，并由人民法院负责执行，人民检察院、公安机关、国家安全机关、司法行政机关等应当予以配合。"实际上，"审判后追缴"不仅可以针对违法所得，

---

〔1〕 参见《英国 2002 年犯罪收益追缴法》，张磊等译，中国政法大学出版社 2010 年版，第 4~12 页。

还可以针对产生于财产刑的"司法之债"，对此，我国《刑法》第53条第1款规定："对于不能全部缴纳罚金的，人民法院在任何时候发现被执行人有可以执行的财产，应当随时追缴。"当然，这后一种基于罚金之债的追缴不是以非法财产为对象，而是以被判刑人的合法财产为对象，因而在追缴中利害关系人需证明的事项有所不同。

在针对外逃人员的刑事缺席审判中也很可能发生"审判后追缴"问题，笔者认为，解决这个问题需要区分不同情况采用不同的法律手段。如果是在法院作出无罪判决后发现应予追缴的违法所得，由于刑事诉讼已成为"已决案"，不宜再诉诸任何刑事附带程序或特别程序，最好由财产被害人通过另行提起民事诉讼的方式解决财产返还和损害赔偿问题。如果法院在缺席审判中作出有罪判决并裁决没收违法所得，判决后新发现的违法所得则属于同一刑事诉讼生效裁决效力范围之内，应当采用"审判后追缴程序"解决没收问题。目前，我国法律尚未对"审判后追缴"的具体程序作出具体规定，有观点认为，相关程序可以参照独立没收程序的规定处理。[1] 也有学者进一步提出，对于事实清楚、争议不大、涉案财物数额有限的，可以通过相对简易的程序审理并作出裁判；对于事实复杂、各方争议较大、涉案财物数量和权利主体众多的案件，则应在争议各方充分参与的基础上，通过较为完备的诉讼程序进行审理，并对涉案财物作出明确、具体的裁判结论。[2] 笔者

---

〔1〕　福建省厦门市中级人民法院刑二庭课题组：《刑事涉案财物处理程序问题研究》，载《法律适用》2014年第9期。

〔2〕　乔宇：《刑事涉案财物处置程序研究》，中国法制出版社2018年版，第206～207页。

认为，虽然我国《刑事诉讼法》创设的违法所得没收程序明文规定是针对犯罪嫌疑人、被告人的，但该程序体现着一整套在甄别和处理刑事案件财物来源与归属问题上的对物之诉规则，随着最高人民法院和最高人民检察院相关司法解释的不断调整与完善，这套规则正日臻科学、合理，可以考虑在审判后追缴中参照适用，尤其是在被判刑人处于死亡或者逃匿状况下参照适用，以确保有关追缴程序的司法公正和有法可依。

## 五、结语

从境外追逃追赃的角度看，特别没收程序和刑事缺席审判，一个是简便易行、可以优先采用的法律措施，一个是具有较大不确定性、需要谨慎选择的"最后手段"。在犯罪嫌疑人、被告人潜逃境外的情况下，采取一切可能的法律手段挤压外逃人员在境外的生存空间，最大限度地降低犯罪所造成的损害，极尽一切可能获取相关外国在追逃追赃方面的国际合作，应当是分析研究这两种貌似相同、实际效用却可能大相径庭的法律程序的基本出发点。缺席审判在我国刑事诉讼中的引入，应当理解为是增加了一种惩治身处境外的犯罪嫌疑人、被告人的法律手段，但它不能够影响或者取代其他法律措施特别是那些更为简便易行法律措施的地位和作用，也不宜为图省事而将刑事缺席审判与特别没收程序简单地"合二为一"。利用刑事缺席审判这一"最后手段"守住刑事正义的底线，运用特别没收程序这种先进灵活的措施实现追逃追赃的实际效果，并以此营造国际刑事合作的氛围和契机，这应成为刑事缺席审判和特别没收程序相互配合与协调的最佳效果。

第八章
# 实施《国际刑事司法协助法》若干问题*

本章的主题可能专业性比较强，主要是涉外刑事诉讼的一些法律问题，更多地涉及国际法和外国法方面的问题。主要讲五个问题：第一个是国际刑事司法协助中的职能机关，第二个是涉外刑事诉讼与文书送达，第三个是协助外国调取证据的主要形式和规则，第四个是协助外国查封、扣押、冻结、没收财物方面的基本规则，最后是与移管被判刑人相关的一些法律问题。

## 一、国际刑事司法协助中的职能机关

2018年10月通过的《国际刑事司法协助法》规定了国际刑事司法协助的三种职能机关。这三种职能机关分别叫做联系机关、主管机关和办案机关。

首先是国际刑事司法协助的联系机关。国际刑事司法协助涉及的面比较广，从侦查到起诉、到审判、到执行，涉及的事

　　* 本章内容系作者在国家检察官学院"秉鉴持衡大讲堂"讲座的讲稿，曾收录于《秉鉴持衡大讲堂》（中国检察出版社2019年版）一书，原文题目为"检察机关实施《国际刑事司法协助法》若干问题"，在收录本书时作者有所修改。

项非常广泛。每个国家的刑事主管机关的种类和分工也都不一样，在刑事司法协助当中有时候特别头疼的一个问题就是：一件司法协助的事项应该请求外国的哪个机关来执行，司法协助请求应该向哪个机关提出？以前经常出现这样的情况，我们的刑事司法协助请求，自己觉得应该由对方的检察机关执行，或者由对方的警察机关或者法院执行，我们就向这样的机关提出了，随后就杳无音讯，或者被退回来，对方告诉你说这个事情不归我们机关管。我们知道，海牙国际私法会议为民商事司法协助制定了两个重要的公约——一个是文书送达公约，一个是调查取证公约，这两个公约都采用了"中央机关"（Central Authority）制度，每个国家都为民商事司法协助指定一个"中央机关"，所有的司法协助请求都向被请求国的这个"中央机关"提出，被请求国的中央机关在收到外国司法协助请求后，根据本国相关主管机关的职能分工去分配相关的请求，由对被请求协助的事项享有管辖权的机关予以执行。后来，在刑事司法协助中各国也开始借鉴民事司法协助的这种"中央机关"机制。在某种意义上，"中央机关"有点像一个收发室，所有的邮件都送到这个收发室，然后由收发室去分发这些邮件。从1987年中国对外缔结第一个刑事司法协助条约开始，就建立了"中央机关"制度。"中央机关"的职能就是负责接受外国提出的司法协助请求，并且向外国转递本国各主管机关提出的司法协助请求。"中央机关"的建立大大提高了国际司法协助的工作效率，办案机关需要外国司法协助不用再担心找不到对口的单位，只要向对方的中央机关提出来就可以了。

我们的《国际刑事司法协助法》同样确立了"中央机关"制度，但这个法律不称它为"中央机关"，而称其为"联系机关"，因为"中央机关"这个表述有时候会引起一些争议。《国际刑事司法协助法》酝酿了十几年，其中很长一段时间的争议就是围绕"中央机关"问题，谁来当这个"中央机关"，各部门都有自己的想法，"中央机关"好像比主管机关高出一等。实际上并不是这样，"中央机关"就是起着收发、联络中枢作用的机构，是一个服务机构，并不是说可以向其他机关发号施令。

我们的《国际刑事司法协助法》第 5 条第 1 款规定："中华人民共和国和外国之间开展刑事司法协助，通过对外联系机关联系。"一般来讲，我国对外缔结的刑事司法协助条约（协定）几乎都将司法部指定为刑事司法协助的"中央机关"，但也有不少条约考虑到相关缔约国法律制度及刑事诉讼职权分工，也将最高人民检察院、公安部或者最高人民法院同时指定为刑事司法协助的"中央机关"。例如，我统计了 47 项刑事司法协助双边条约，其中 12 项条约把最高人民检察院也指定为刑事司法协助的"中央机关"。《联合国反腐败公约》在刑事司法协助问题上也实行"中央机关"制度，要求各国指定一个或数个"中央机关"对外开展联系。中国在加入《联合国反腐败公约》时指定了一个"中央机关"，就是最高人民检察院。这么多年以来，涉及职务犯罪案件、贪污贿赂案件，都是由最高人民检察院作为"中央机关"和外国依据《联合国反腐败公约》进行刑事司法协助方面的联系。2018 年我们成立了国家监察委员会，随后，中国将国家监察委员会也追加指定为《联合国反腐败公约》刑事司法协助的"中央机关"，最高人民检察院和国家监察委员会这两个司法协助的"中央机关"是相互平行的。

刑事司法协助的第二个职能机关叫作主管机关。主管机关是国际刑事司法协助活动的主要负责机关。《国际刑事司法协助法》第6条第1款明确指定的国际刑事司法协助主管机关有国家监察委员会、最高人民法院、最高人民检察院、公安部、国家安全部，该条款使用了"等部门"这一表述，这意味着实际上还有一些机关，如海关总署，在有些情况下，中国人民银行的反洗钱机构以及其他一些执法机关，也可能成为刑事司法协助的主管部门。

在国际刑事司法协助问题上，主管机关的特点是什么呢？它们应当具有刑事司法职能，这是最重要的特点。刑事司法协助的主体就应该是刑事司法机关，法院和检察院是最地道的司法机关，公安机关在刑事诉讼中也承担一些刑事司法的职能，也是刑事诉讼意义上的"司法机关"。在制定《国际刑事司法协助法》时，国家监察委员会是否应当成为国际刑事司法协助的主管机关是存在争议的，现在对国家监察委员会的列举是二读草案加上去的。有人认为监察委员会是政治机关。实际上，监察委员会在刑事诉讼中对职务犯罪案件履行法定的调查职能，我国《宪法》第127条规定：监察委员会"独立行使监察权，不受行政机关、社会团体和个人的干涉"，从这个意义上讲，监察委员会是履行一定司法职能的、独立的反腐败机关。在国际刑事司法合作中，我们不能讲监察委员会是政治机构，因为国际刑事司法合作中有一个很重要的原则，即"政治犯罪例外"，在境外追逃中，一些外逃人员申请政治庇护时往往声称：我这个案件是中国共产党的纪检机构办理的，它们采取的"双规"是《刑事诉讼法》里所没有的，所以我是在受政治迫害。在国际刑事司法合作问题上，我们必须很明确地说：国家监察委员会是履行一定刑事司法职能的机构，而且是根据《宪法》和《监察法》独立行使上述职能。

刑事司法协助主管机关还负责对一些与涉外诉讼相关的活动进行监控。《国际刑事司法协助法》第4条第3款规定："非经中华人民共和国主管机关同意，外国机构、组织和个人不得在中华人民共和国境内进行本法规定的刑事诉讼活动，中华人民共和国境内的机构、组织和个人不得向外国提供证据材料和本法规定的协助。"我们现在发现有些人，特别是一些外国的或者中国的律师，代表外国当事人或者代表外国司法机关在中国境内送达文书或者调查取证，这是不允许的，相关法律禁止这样做，除非得到主管机关的许可。前几年我还看到过有一些中国报纸刊登外国的司法公告，扣押船舶什么的，这实际上是一种司法送达行为，在搞公告送达。没有得到中国主管机关的批准，任何中国报刊或媒体都没有权利实施这样的司法行为。这方面的管理也是由司法协助的主管机关来进行。

第三个职能机关是办案机关。一个外国的刑事司法协助请求提出来后，经过联系机关和主管机关审查，送到办案机关具体执行，比如，外国请求询问证人，要求调取文件，要求查封、扣押、冻结涉案财物，如果这个证人、文件或者财物在北京市西城区，办案机关可能就是北京市西城区公安机关、人民检察院或者监察委，由这一具体的办案机关去询问证人、调取文件或者采取查扣冻措施。我们向外国提出的刑事司法协助请求也是由办案机关来准备的，比如，西城区检察院办理的一个案件，证人或者涉案财物在境外，需要调查取证或者需要追缴资产，相关的司法协助请求书，包括支持司法协助请求的相关材料，应当由办案机关西城区检察院去准备。这是我们《国际刑事司法协助法》的明确规定。以往我们有些涉及刑事司法协助的具体工作，比如，请求书的拟定、相关材料的准备，经常是由主管机关即公安部国际合作局、最高检察院国际合作局等上级主管部门来准备的。现在，《国际刑事司法协助法》第9条明确规定："办案机关需要向外国请求刑事司法协助的，应当制作刑事司法协助请求书并附相关材料，经所属主管机关审核同意后，由对外联系机关及时向外国提出请求。"我想可能在座的很多检察官来自基层检察机关，将来你们在办案当中，如果遇到需要通过《国际刑事司法协助法》解决问题的情况，你们自己要去准备相关的请求书和材料，主管机关最高人民检察院只是起到审查的作用，对于我们各位检察官来说，也是提出一个新的要求。

刑事司法协助表现为两种形态：一种是主动的司法协助，一种是被动的司法协助。主动的司法协助表现为我们向外国提出司法协助请求，我们是提出司法协助请求的主体。被动的司法协助表现为外国向我们提出司法协助请求，我们是被请求方，是外国司法协助请求的审查者和执行者。《国际刑事司法协助法》调整比较多的是被动的司法协助，在外国向我们提出请求的情况下，我们应该怎样审查，应该怎样执行。

在审查外国刑事司法协助请求方面，我刚才讲的三大职能机关——联系机关、主管机关和办案机关——也是有分工的。联系机关主要负责形式要件的审查，看看请求的提出是不是符合法律和条约规定的一些形式要件，比如，请求书是不是符合国际条约规定的格式要求，是不是把相关的案件事实讲清楚了，是不是把相关的法律条文援引了，协助请求是不是很明确，有关请求材料是不是附有译文，等等。主管机关就要根据相关的条约和法律审查其他的一些条件，比如，司法协助请求是不是符合双重犯罪原则，也就是说，请求所针对的行为是否根据请求方和被请求方的法律都构成犯罪，请求所针对的行为是否属于政治犯罪，执行外国的协助请求对我国主权、安全和社会公共利益是否存在负面影响，等等。办案机关主要负责执行，但有时候办案机关在执行当中也会发现一些问题，也担负着一定的审查职能，比如，我们找证人调查取证，一听相关证言涉及国家主权、安全，这时候办案机关就要进行必要的甄别，看看这样的证言是否适合对外提供。前几年发生的中国银行广东省开平支行特大贪污案，在这个案件中，我们采取异地追诉的方式促请美国执法机关在当地对外逃人员提起刑事诉讼。当时为调查这些外逃人员从中国银行窃取资金的情况，美国采用了远程视频听证的方式，通过卫星通讯让美国法官坐在美国和在中国境内的证人直接连线，通过视频进行听证，这个听证协助是在广东由办案机关执行的。在执行的时候，办案机关参与了远程视频听证全过程，当时美国律师在庭审中向中方证人提出一个问题：你是不是共产党员？我们参加远程视频听证的检察官就马上要求停止视频传送，与参加视频听证的美国检察官交涉说：被告人的律师提出这样的问题实际上是在把一些事实方面的问题政治化，我们不能接受。美国检察官马上跟美国法官通电话通报中方的意见，然后美国法官就说：被告人的律师，这个问题法庭不允许你提。美国法官制止上述发问后远程视频听证就恢复进行。所以说，看起来办案机关是具体的执行机构，但在具体执行当中它也承担着一定的审查职责。基层办案机关的司法或执法人员也需要了解国际刑事司法协助的规则，需要了解在哪些情况下我们可以拒绝提供协助。对外国刑事司法协助请求的审查是一种递进式的审查，刑事司法协助的联系机关、主管机关和办案机关都有相应的审查权。

最后，在有些条约中，联系机关也是主管机关，比如《打击恐怖主义、分裂主义和极端主义上海公约》，还有我们与周边一些国家缔结的打击三股势力双边条约，都规定了"中央主管机关"的职责，这个"中央主管机关"就是最高人民法院、最高人民检察院、公安部，规定"各方中央主管机关就执行本公约规定的有关事项直接相互联系和协作"。在这里，"中央主管机关"既直接对外联系，承担着联系机关的职能，同时又是主管机关，负责相关协助请求的实质性审查。

## 二、涉外刑事诉讼文书送达与缺席审判

第二部分我想讲讲涉外刑事诉讼中的文书送达与缺席审判。文书送达是涉外刑事诉讼当中的一个基本的法律行为，涉及的文书有传票、通知书、起诉书、判决书，等等，如果被告人的亲属居住在国外，在对被告人实行逮捕后需要向其境外亲属送达逮捕通知书。国际刑事司法协助中的文书送达和我们国内的文书送达有时候是不一样的，需要遵循一些特殊的规则。

首先，一些通知性文件、传唤性文件要为当事人出席庭审或者参加相关活动留足时间。我们在国内传唤证人，可能给他留几天时间就够了，但如果证人在国外，文书的转递需要经历各种环节和程序，送达所需时间比较长，且被送达人在接到传唤通知后要考虑去与不去，权衡利弊，安排自己的工作和生活，还要办理一些出国手续，这些都需要时间。所以，《国际刑事司法协助法》第22条第2款规定："请求协助送达出庭传

票的，应当按照有关条约规定的期限提出。没有条约或者条约没有规定的，应当至迟在开庭前 3 个月提出。"

第二个特殊规则就是传唤不得具有强制性。有时候我们的一些国内传唤通知可能含有一些强制性表述，如不接受传唤就实行拘传，等等。这种强制性或者威胁性表述在国际刑事司法协助中是忌讳的，如果在我们相关通知文书里有这类表述，就必须予以删除。因为通过国际刑事司法协助实行的传唤要特别尊重被传唤人的意愿，被传唤人愿意接受传唤，愿意出席庭审，或者愿意前来协助调查，那他可以来；如果不愿意，一般就不能强迫他，这是最基本的规则。传唤文书中有些强制性的表述，包括"如果不接受传唤，将对你进行缺席审判"，最好不要写，如果被请求国的主管机关看到这种表述，可能会觉得难以接受或者产生反感。

再有一个就是被送达的文书应当附有译文，我们对外缔结的刑事司法协助双边条约也对此作出规定。如果相关诉讼文书不附有译文的话，受送达人可以拒收。

一般来讲，国际刑事司法协助的文书送达，特别是传唤通知，是针对证人和鉴定人的，可以传唤一个人来请求国作证或者提供鉴定意见。但是，传唤被告人出庭受审，这在国际刑事司法协助的文书送达中往往是忌讳的，传唤被告人出庭受审应当通过引渡程序进行。采用文书送达方式传唤被告人出庭受审，这种做法可能被认为是对引渡程序的规避。前几年我们有一个案件挺有意义：陈某某曾经是中国某石油公司新加坡子公司的总经理，有一年在原油期货交易中出现巨额亏损，陈先生的公司是当地的一家上市公司，由于有些情况没有按照新加坡法律披露，触犯了当地法律，涉嫌证券法方面的犯罪。为帮助他解决问题，当时母公司中国某石油公司的董事长等一班高管人员来到新加坡开会商量怎么解决问题，在这时新加坡警察就闯进来了，把所有参加会议的中国某石油公司高管都拘捕了。拘捕以后，中国主管机关国资委很着急，中国某石油公司董事长按行政级别是副部级，事关重大。国资委当时出了一个担保函，保证这些人回国以后随传随到，请新加坡主管机关先释放他们，新加坡主管机关根据国资委担保函，把这些被拘捕的人员全都释放了。回国以后，第一个受到新加坡法院传唤的就是陈某某，他接到传票后就去了新加坡接受审判，并且被判处了4年零3个月监禁。紧接着新加坡法院又对其他的高管发出传唤，要求他们去新加坡接受审判。这时候国资委就召集了一些专家论证这个事情。当时我也参加了专家论证会，我首先就说：国资委有什么权力要求中国公民接受外国法院的刑事传唤出庭受审?！我们国家有《引渡法》，新加坡法院如果要审判这些人，应该通过引渡程序提出引渡请求。我们国家法律明确规定不得引渡本国公民，这种传唤是明显规避中国法律禁令的行为，国资委没有权力要求中国公民接受这种传唤。当然，在当时那种情况下，国资委出具担保函让这些人先摆脱羁押，让他们回国，这种做法我能够理解，但是，现在要求我们中国公民接受外国法院的刑事传唤，就不能接受。当时我也提出，现在最好的办法就是请中国主管机关马上对这个事情立案审查，国资委可以中国司法机关正在对这个案件进行调查审理为由推脱所承诺的担保责任。

从这个案件来看，在国际刑事司法协助中，对被告人的传唤可能是一件非常忌讳的事情。我们对外缔结的很多刑事司法协助条约都明确规定，如果请求方要求送达的文书是对被告人的传唤，被请求方没有义务送达。《国际刑事司法协助法》第22条第3款也明确规定："对于要求中华人民共和国公民接受讯问或者作为被告人出庭的传票，中华人民共和国不负有协助送达的义务。"

这样就提出了一个问题：以后我们开展刑事缺席审判该怎么解决境外的文书送达问题？

2018年10月26日，在颁布《国际刑事司法协助法》的同时，我们还颁布了新《刑事诉讼法》，在这次的修订中这部法律引进了缺席审判程序。不同于2012年引进的犯罪嫌疑人、被告人逃匿、死亡案件违法所得没收程序，刑事缺席审判程序只有在确定"犯罪嫌疑人、被告人在境外"的情况下才能启动，因此是一个典型的涉外刑事诉讼程序。在这个程序中，一个很重要的问题就是怎样向处于境外的犯罪嫌疑人、被告人送达文书，与其进行联系，保证被告人的知情权。新《刑事诉讼法》第292条规定："人民法院应当通过有关国际条约规定的或者外交途径提出的司法协助方式，或者被告人所在地法律允许的其他方式，将传票和人民检察院的起诉书副本送达被告人。"这就给我们司法机关出了一个难题：一方面，《刑事诉讼法》要求我们把相关文书包括起诉书副本通过司法协助的方式向境外的犯罪嫌疑人、被告人进行送达；另一方面，《国际刑事司法协助法》和一些双边刑事司法协助条约又明确规定，对于传唤被告人的文书送达请求，被请求方没有执行的义务。

为了解决这个问题，需要我国刑事诉讼主管机关认真地研究一些策略。新《刑事诉讼法》第292条还有一句话，即可以采用"被告人所在地法律允许的其他方式"向境外犯罪嫌疑人、被告人送达文书，我们需要看看各国相关的法律是怎么规定的。我也研究了一些国家的法律，一般来讲，各国在缺席审判程序中的文书送达是通过律师实现的，法院一般要求被告人聘请辩护律师，或者是法院为被告人指定一位辩护律师，诉讼文书向这个律师来送达，由律师负责和被告人进行联系，这是比较普遍的做法。我们可能要考虑在缺席审判情况下尽早要求犯罪嫌疑人、被告人为自己聘请律师，或者是考虑尽早为他指定律师，这样做对于送达问题是一个解决的办法。

最高人民法院和最高人民检察院在 2017 年 1 月颁布的《关于适用犯罪嫌疑人、被告人逃匿、死亡案件违法所得没收程序若干问题的规定》为特别没收程序增加了在一定条件可以采用的补充送达措施，即该《规定》第 12 条第 2 款规定"人民法院已经掌握境外犯罪嫌疑人、被告人、利害关系人联系方式，经受送达人同意的，可以采用传真、电子邮件等能够确认其收悉的方式告知其公告内容，并记录在案"，根据这样的规定，在刑事缺席审判中我们也可以通过传真、邮件、微信等方式进行送达，当然，条件是对方当事人同意接收。在缺席审判的文书送达问题上，需要我们办案机关去想办法建立一些途径，疏通与境外犯罪嫌疑人、被告人的联系。这种联系途径应当是境外当事人所接受的，又不违背外国的相关法律。有些国家也接受邮寄送达。有时候，比较简单的做法是通过外交领事人员来送达，这也是一个办法，我们对外缔结的双边刑事司法协助条约是允许外交领事人员送达的，这种送达只能向派遣国的本国国民实行，不能采取强制性手段，相关送达活动也要遵守驻在国的法规。刑事缺席审判中的文书送达将是我国监察机关、检察机关和审判机关面临的一个很严峻的课题，办案机关应该想办法，采用一些比较简捷的同时又是境外被告人所能够接受的方式来实现信息的沟通。

我国检察机关在缺席审判程序启动与否问题上，应当特别注意文书送达问题。在提起刑事缺席审判之前，负责案件调查的监察机关和负责审查起诉的检察机关应当把文书送达以及与境外犯罪嫌疑人、被告人联系作为一项重要的工作去开展和推进，并且把这项工作的成效作为决定是否提起缺席审判的重要因素加以考虑。在有些情况下，如果对境外犯罪嫌疑人、被告人的准确的居住地点并不掌握，我们就不能够贸然启动缺席审判程序。送达文书要求提供非常准确的地址，我们前几年也公布过"百名红通人员"在境外的居住地，但我们对相当一部分人的准确居住地点并不完全掌握，可能就是掌握到居住在某个街区。在向外国请求文书送达时，送达地址只写街区是不行的，需要写明在这个街区的哪栋楼、哪个单元、哪号房间。只写街区没人给你递送，也送达不到收件人。所以，检察机关在启动缺席审判之前，一定要严格地掌握这项条件，如果不掌握外逃人员在境外的准确居住地址，就不符合进行缺席审判的必备条件，在这种情况下，缺席审判是不能启动的。

犯罪嫌疑人、被告人仅仅是失踪，不能证明他在境外的，也不能启动缺席审判。有一个叫周冀阳的"红通人员"，原来一直以为他跑到了香港，实际上九年来一直躲藏在境内，最后也是在境内被抓获的，不能仅仅因为这个人已经被国际刑警组织通缉了就认为他在境外。有时候，虽然跟境外在逃人员联系上了，但在相当一段时间又没有了音讯，在这种情况下，要考虑中止相关的缺席审判程序，因为有可能发生了一些变故，这个人可能不在境外了，也有可能死亡了。如果这个人没有音讯是因为他病故了，那我们对他审判有什么意义呢，和对死人进行审判是一样的。我国《刑事诉讼法》虽然引进了缺席审判制度，但在运用的时候监察机关、检察机关和审判机关应该特别谨慎，不能在基本条件不具备的情况下随意启动或者贸然推进，否则会让我们非常被动，有时候可能会造成大量外逃案件积压在法院，或者积压在检察机关，以致无法开展后续程序，或者导致追诉活动不了了之。

刑事缺席审判制度与我们境外追逃的一些法律措施往往是不相融的，比如说引渡，引渡分为两种：一种是对犯罪嫌疑人、被告人的引渡，引渡的目的是对其进行审判；还有一种是对被判刑人的引渡，这种引渡的对象已经受到了审判，在判刑后外逃了，引渡回来的目的是对其执行刑罚。我们对外缔结的引渡条约一般都明确规定：如果请求方的引渡请求是根据缺席判决提出的，那么这个请求就应当被拒绝，除非请求国作出保证：缺席判决不算数，引渡后重新对被引渡人进行审判。依据缺席审判的判决请求把相关人员引渡回去对其执行刑罚，这在国际法上一般是不允许的。我国《引渡法》第8条第8项将"请求国根据缺席判决提出引渡请求的"规定为拒绝引渡的强制性理由之一，同时规定只有当"请求国承诺在引渡后对被请求引渡人给予在其出庭情况下重新审判机会"时，才能对相关引渡请求作为例外加以考虑。

引进缺席审判程序是为我们的涉外刑事司法设置一个底线，是在引渡、遣返等境外追逃手段都不能奏效的情况下不得不采用的最后手段。刑事缺席审判不同于违法所得没收程序，前者是对人的，后者是对物的。在境外追逃追赃中我们应当鼓励检察机关采用违法所得没收程序，因为它的适用对其他的追逃追赃措施不构成负面影响。而对人缺席审判就不一样了，可能不被许多国家接受，从而对与这些国家的追逃追赃合作造成负面影响。习近平主席讲过一句话："腐败分子即使逃到天涯海角，也要把他们追回来绳之以法。"有人说现在可以把这句话改一改，"追回来"三个字可以删掉，无论逃到天涯海角只要能将外逃者绳之以法就够了。我个人觉得还是要坚持"追回来"这一最高标准，实在追不回来的，我们才通过缺席审判作出判决。

### 三、相互协助调查取证的主要形式和规则

第三个问题讲一讲刑事司法协助中的调查取证。《国际刑事司法协助法》调整的协助调查取证主要有下列形式：①查找、辨认有关人员；②查询、核实涉案财物、金融账户信息；③获取并提供有关人员的证言或者陈述；④获取并提供有关文件、记录、电子数据和物品；⑤获取并提供鉴定意见；⑥勘验或者检查场所、物品、人身、尸体；⑦搜查人身、物品、住所和其他有关场所；⑧执行调查取证请求时派员到场；⑨安排证人作证或者协助调查；⑩移交在押人员作证或者协助调查；⑪安排证人、鉴定人通过视频、音频作证。

首先谈谈查找、辨认有关人员，这是我们这几年在境外追逃中一个很有效的措施。在境外追逃中，大家说得比较多的是国际刑警组织的红色通缉令，但红色通缉令的法律效力是很有限的，它只是国际刑警组织的一种通报，或者是一种信息发布形式，并不具有强制性法律效力。很多国家不允许直接根据国际刑警组织的红色通缉令采取强制措施，只有少数国家允许根

据"红通"采取强制措施，有些欧洲国家是允许的，特别是在与相关外国缔结了双边引渡条约的情况下，可以把"红通"视为相关外国提出的临时逮捕请求。美国、加拿大、澳大利亚等国家都不认为"红通"具有法律效力，本国司法机关只有在对相关的事实进行审查并认为符合本国法律规定的条件之后，才会为引渡的目的签发临时逮捕令。如果外国不能直接依据"红通"拘捕外逃人员，它就不会向你通报被发现的"红通人员"。因此，为查找外逃人员的下落有时候需要采取调查取证的方式，比如，请求有关外国将某一在逃人员出入该国的情况记录在案并提供给我们。这种协助调查不要求请求国对被发现的逃犯采取任何行动，发现后应当不动声色，避免打草惊蛇。有时候我们也可以通过这种方式请求外国帮助我们查找外逃人员在境外的藏匿住所。如果查找和辨认有关人员是司法协助条约中规定的协助事项，那么有关国家就负有相应的国际义务去查找、辨认。不查找、不辨认的话，应当拿出条约所认可的理由来。

相对于其他的一些刑事司法合作行为，比如引渡和协助追缴违法所得，刑事司法协助的调查取证不大一样，引渡和协助追缴犯罪所得这类合作行为具有强制性，构成对相关人员人身权利或者财产权利的限制或剥夺，表现出明显的倾向性，也就是说，明显地是对追诉方有利并且对被追诉方不利。然而，刑事司法协助中的调查取证有时候则具有一种中立性和服务性，因为通过调查取证获得的材料既可能证明被告人有罪，也可能证明被告人无罪或者罪轻。所以，外国向我们提出的一些调查取证请求，我们在审查的时候应该更全面地考虑一些问题并且掌握一定的灵活性。前几年有一个案件很能说明问题：王某某原来是海南检察院的检察官，后来"下海"去了美国，王某某在海南检察院工作时是办公室的内勤人员，他有一个特点就是比较爱吹嘘，去了美国以后也是到处吹，说他在检察院经常参加死刑执行监督，被执行人的身体器官送到医院去什么的，他的这个说法被美国一个叫吴弘达的人知道了，吴弘达专门做中国劳改产品的文章，以此攻击中国的矫正制度和人权制度。吴弘达就跟王某某联系上了，并且与美国的联邦调查局一起下了个套，联邦调查局的特工化装成一名瑞典医生，通过吴弘达找到王某某，说我们医院需要人体器官，你能不能帮助我从中国搞一些死刑犯的人体器官，我可以出高价钱。王某某说："行，这个问题好解决。"实际上他也是在吹牛。他们见面时美国 FBI 都录音录像了。在一次见面的时候，FBI 就冲进来把在场的这些人全都抓了。随后，美国对王某某提起了刑事诉讼，指控他非法倒卖人体器官。美国根据《中华人民共和国政府和美利坚合众国政府关于刑事司法协助的协定》向中国提出了司法协助请求，请求中国提供王某某在海南检察院任职期间的履历和有关记录。当时我们的《刑法》还没有规定非法买卖人体器官罪，再有一个问题是，当时王某某的行为只是和那个"瑞典医生"进行商议，并没有任何行动，中国《刑法》中的犯罪预备要求一些具体行为，比如，为犯罪准备工具，制造条件，王某某的行为根据我们的法律连犯罪预备都构不上。国际刑事司法协助的基本条件是符合"双重犯罪"标准，美国指控的行为不符合这个条件。但是，中国主管机关最终还是作出向美国提供司法协助的决定，把王某某在海南检察院任职期间的履历给了美国司法机关。美国主管机关一看，王某某在海南检察院的供职情况完全和死刑执行没有关系，就是个办公室的内勤人员，最后这个案件美国检方撤诉了，把王某某释放了。这个结果说明什么？国际刑事司法协助的调查取证是一种具有中立性的行为，我们对外国的相关请求进行审查的时候要更多考虑的应该是调取证据是不是有助于公正司法，是不是有助于澄清案件的事实真相。为了这样的目的，有时候我们对其他的条件可以采取比较灵活的态度。

《国际刑事司法协助法（草案）》在规定拒绝协助的理由时最初使用的是"应当"一词，正式出台的法律把"应当"改成了"可以"，也就是说，留给我们主管机关、办案机关更大的裁量余地。在有些情况下，外国请求所针对的行为可能不符合双重犯罪条件，或者被指控犯罪具有政治特点，在引渡合作中是应当拒绝的，但在刑事司法协助中，特别是在调查取证这种具有中立性和服务性的协助中，如果提供这种协助有助于澄清案件事实，我们也可以采取比较灵活的做法。这也是《联合国反腐败公约》《联合国打击跨国有组织犯罪公约》的态度，比如，《联合国反腐败公约》第46条第9款规定："缔约国可以以并非双重犯罪为理由拒绝本条所规定的协助。然而，被请求国应当在符合其法律制度基本概念的情况下提供不涉及强制性行动的协助。"这意味着，对于一些不具有强制性的行为可以不顾双重犯罪条件的限制提供协助，像文书送达、调查取证这些行为一般不具有强制性，对当事人的人身权利和财产权利并不构成一种限制。在文书送达问题上也是如此，我刚才说，对于传唤被告人出庭受审的文书，被请求国不负有送达的义务，实际上，在实践中裁量权还是在被请求国主管机关手中，如果被请求国主管机关觉得送达有利于保证被告人知情权，也会向被告人送达外国的传唤通知，只是在法律上被请求国不负有送达的义务而已，如果被请求国主管机关觉得有些做法不能接受，它就有权拒绝送达。所以，正如我刚才讲的，我们不宜在缺席审判的传唤通知中写"如果不接受传唤，被传唤者就将受到缺席判决"，这种表述会让被请求国主管机关感到不舒服，觉得这种传唤具有强制性或者是在以某种不利后果相威胁，从而导致其决定不提供送达协助。

总之，国际刑事司法协助的某些行为所具有的服务性和中立性是我们需要特别考虑的方面。

我们接着讲协助调查取证应遵循的主要规则。第一个规则涉及法律适用问题。一般来讲，协助调查取证适用的是被请求国法律规定的程序，比如，一个调查行为要在中国境内实施，要在中国境内询问证人、调取相关的材料，那就应该按照中国《刑事诉讼法》规定的程序来进行。但是，也不排除有时候外国提出一些特殊的要求，比如，有些国家在调查取证当中讲究对抗制，被告人或者他的律师也可以向证人发问，在这样的国家请求依照此种程序询问证人的情况下，我们就要考虑这种要求是不是符合我们法律的基本原则，如果没有违反法律的基本原则，有助于公正司法，我们也可以考虑适用这样的特殊规则，允许被告人的律师也参加。对此，《国际刑事司法协助法》第16条第3款规定："外国对执行其请求有保密要求或者特殊程序要求的，在不违反中华人民共和国法律的基本原则的情况下，主管机关可以按照其要求安排执行。"我刚才讲到的远程视频听证就是典型的完全适用请求国法律程序的情况，外国法官坐在本国，按照本国法律规定的程序对处于被请求国境内的证人进行询问。在这种情况下，只要不违反我们国家法律的基本原则，我们也是允许的。

关于调查取证的方式，《国际刑事司法协助法》明确规定调查取证可以采用派员调查取证的方式，中国办案机关可以请求派出相关的办案人员到外国实地进行调查取证，我们也可以允许外国的主管机关派出人员到中国境内来调查取证，或者说是参加调查取证，这种派员取证的方式是允许的。实际上，刑事司法协助的调查取证方式经历了一个发展过程，从我国对外缔结的双边司法协助条约来看，也经历了同样的发展过程。最初，我们对外缔结的司法协助条约把协助调查取证叫作"委托调查取证"，即委托被请求方的主管机关进行调查取证，在实践中，这种委托调查取证方式的效果并不理想，比如说，我们委托外国主管机关询问证人，向外国主管机关提供了一份很详细的询问提纲，外国主管机关拿到这份询问提纲后，把证人叫来，一个问题一个问题地念，证人可以使用简单的一句话对付过去，用一个"是""不是""没有"或者"不知道"就给对付了，调取回来的证言没有太大的价值。因此，我们现在鼓励派员调查取证，派出一个调查组到被请求国，在被请求国主管机关的协助或者主持下进行调查，这种取证方式的效果很好。我本人参加过几次检察机关的调查小组去外国调查，效果完全不一样。有一次我们去新加坡，在新加坡贪污贿赂调查局（Corrupt Practices Investigation Bureau，CPIB）协助下调查取证，贪污贿赂调查局的杨副局长亲自接待的，把两位证人通知到贪污贿赂调查局后杨局长说："你们等一下，我先去问问。"这是一个受贿案件的证人，这两个证人我们检察院在香港也找过他们，当时他们很高傲，不理睬我们检察官，说你们去问我的律师，一句话就把检察官打发了。但在新加坡贪污贿赂调查局里，杨局长五分钟以后就满面春风地回来了，告诉我们说两人都承认了向被告人行贿的事实。检察院的调查小组再和证人进行谈话，这两个人把相关的行贿情况讲得清清楚楚。这就是差别，派员调查取证，在被请求国主管机关的主导下调查取证，对被调查人有一种很强大的心理压力，迫使这些人认真对待调查。后来我跟被调查的证人聊天，他就对我说："我们新加坡小，差不多重要的人我们都相互认识，谁如果进了贪污贿赂调查局，谁就没面子了。一大早贪污贿赂调查局就来人把我从家里'请'来，你说我能不害怕吗？"他就有一种心理上的压力。同时，在派员调查取证的情况下，我们的办案人员对相关的案情比较了解，知道哪些是案件的重点、调查的重点，也善于在调查中发现新的线索，这样就使调查取证的效果很积极了。

　　还有一次我们也是去新加坡调查取证，案件的被告人把一些资金转到一个新加坡公司，我们在贪污贿赂调查局同事的陪同下一起到这家公司去查账，一看账面的材料是重要的线索和证据，我们的检察官就说这个账册能不能给我们复印一下，当时公司的人说："不行，你们要想调取账册记录，应当向新加坡法官申请出示令，没有法院的出示令，我们不能给你。"后来，陪我们一起查账的新加坡贪污贿赂调查局的官员出面与公司的人商量，他们就同意了，给我们复印了相关的账页。所以说，派员调查取证的效果远远强于委托调查取证，我们鼓励办案机关在调查取证问题上派出办案人员在当地执法机关、司法机关的合作下调取证据。当然，相关的调查活动应当由被请求国主管机关来主持，派出的人员打算提出什么问题也要得到对方的允许，一定要尊重被请求国主管机关的主导权，这是很重要的。《国际刑事司法协助法》也是这样要求的，在外国主管机关派员来中国调查取证的情况下，第 29 条规定"经同意到场的人员应当遵守中华人民共和国法律，服从主管机关和办案机关的安排"。

再有一个是对证人权益的保护问题。有时候在调查或者审判过程中我国司法机关需要传唤外国的证人、鉴定人出庭作证或协助调查，在这种情况下我们要保障证人、鉴定人的基本的权益，支付证人、鉴定人的往返路费、食宿费、误工补贴等等。关于这种权益保障，《国际刑事司法协助法》第 34 条明确规定："对来中华人民共和国作证或者协助调查的证人、鉴定人，办案机关应当依法给予补助。"前几年我们在云南审理糯康贩毒集团在湄公河上杀害中国船员的案件，这个案件涉及泰国、缅甸、老挝的证人，在审判期间我们邀请一些外国证人前来昆明出庭作证，对证人的各项权益，包括旅费、食宿费、误工费，我们都给予了充分保障，证人每天误工补贴是 50 美元，证人们非常满意，这实际上也是对公正司法的一种保障。

在国际刑事司法协助中有时候还需要解送在押人员去请求国出庭作证或者协助调查，在这种情况下，请求国应当保证让在押人员始终处于羁押状态，在相关的法律程序结束后把出庭作证或者协助调查的在押人员送回被请求国。同时，如果是我国境内的在押人员去国外作证的话，《国际刑事司法协助法》第 38 条第 2 款规定："在押人员在外国被羁押的期限，应当折抵其在中华人民共和国被判处的刑期。"

还有一个问题涉及证人的豁免权问题。有时候，通过司法协助传唤出庭作证或者协助调查的证人可能是相关案件的同案犯，或者叫"污点证人"，我们把他从国外传唤到庭以后只能把他作为证人来询问，不能作为被告人进行审判或者采取强制措施，这也是一个很基本的原则。在刑事司法协助中，前往请求国作证的证人都享有一定的豁免权，《国际刑事司法协助法》第33条规定："来中华人民共和国作证或者协助调查的证人、鉴定人在离境前，其入境前实施的犯罪不受追诉；除因入境后实施违法犯罪而被采取强制措施的以外，其人身自由不受限制。证人、鉴定人在条约规定的期限内或者被通知无需继续停留后15日内没有离境的，前款规定不再适用，但是由于不可抗力或者其他特殊原因未能离境的除外。"证人、鉴定人入境前实施的犯罪不受追诉，不管犯罪和正在审理的案件有什么联系，都不得予以追诉，也不能由于入境前的行为对其采取任何强制措施。被传唤的证人、鉴定人入境之后在中国境内实施了犯罪，这是另外一回事，不在豁免权范围之内。证人的豁免权在有些双边刑事司法协助条约中规定得更宽，不仅入境前实施的行为豁免，有时候入境之后实施的某些行为也被列入豁免权范围，比如，《中华人民共和国和波兰人民共和国关于民事和刑事司法协助的协定》第28条规定："对通过被请求的缔约一方通知前来出庭的证人或鉴定人，无论其国籍如何，提出请求的缔约一方不得因其入境前所犯的罪行或者因其证词、鉴定或其他涉及诉讼内容的行为而追究其刑事责任和以任何形式剥夺其自由。"根据这样的规定，请求国不能够因为证人证词的原因或者其他涉及相关诉讼行为的原因对证人采取强制措施，比如，不能指控证人涉嫌作伪证罪，或者指控他涉嫌藐视法庭罪。与其他一些国家缔结的双边司法协助条约也有类似的豁免权规定。在涉及证人豁免权范围这个问题上，除了《国际刑事司法协助法》关于对入境前行为的豁免规定外，当涉及具体个案时，我们还要去查看与相关外国缔结的双边司法协助条约中的规定，看看有没有更宽的豁免权规定。当然，关于证词的豁免权有些国家不接受，我们和有的国家在谈判双边刑事司法协助协定时，对方说不行，证人如果在我们的法庭上作伪证，我们同样应当依法追究他的法律责任；如果他的行为干扰了审判秩序，也应该依法追究。所以，刚才说的证词豁免不能一概而论。《国际刑事司法协助法》没有规定证词豁免，这意味着在没有条约特别规定的情况下，如果根据司法协助请求前来我国作证的证人作伪证或者有扰乱法庭秩序的行为，并不排除依据我国法律追究其刑事责任或者对其采取强制措施的可能性。

再一个问题是协助调查取证中对物证、书证的搜查、扣押。《国际刑事司法协助法》在第四章"调查取证"部分规定了搜查，搜查出来相关的物品后，随之发生的就是扣押。这里需要注意一个重要的区分，即我们要区分两类不同的查封、扣押、冻结：一类是为了调查取证目的查封、扣押、冻结，还有一类是为了资产追缴目的查封、扣押、冻结。这后一类查扣冻我后面要讲。为了调查取证目的查封、扣押、冻结与后一类查扣冻不一样，前一类查扣冻的目的就是调取证据，把证据材料提供给请求方，请求方使用之后还要把作为证据的涉案财物退还回来，这类涉案财物并不是追缴的对象。以资产追缴为目的的查扣冻则是不一样的，涉案财物移交给请求方后就不再退回，因而涉案财物的利害关系人可以提出异议，主张对有关物品享有正当权利，要求主管机关、办案机关解除查扣冻措施。

## 四、协助外国查封、扣押、冻结及没收违法所得

下面我们就讲讲以资产追缴为目的的查封、扣押、冻结涉

案财物以及对违法所得的没收。在协助查封、扣押、冻结涉案财物问题上，以前是不去区分查扣冻的目的的，《联合国反腐败公约》首次提出这样的区分，这在法律上有很重要的意义，因为对涉案财物不同目的的查封、扣押、冻结涉及不同的规则和不同的程序。《国际刑事司法协助法》第六章调整的就是以资产追缴为目的的查封、扣押、冻结，它可以说是这部法律的最重要的创新之处或者说最大亮点。

所有的刑事司法协助双边条约都为根据外国请求查封、冻结、扣押财产（"赃款赃物"）设置了一个前提条件，即"在被请求国法律允许的范围内"，这使得相关条款在实践中很难具体操作，因为根据外国请求查扣冻要依据被请求国的国内法进行，而在《国际刑事司法协助法》颁布之前，我们的国内法中是有相关限制或障碍的，比如，中共中央办公厅、国务院办公厅《关于进一步规范刑事诉讼涉案财物处置工作的意见》写道"严禁在立案之前查封、扣押、冻结财物"。《人民检察院刑事诉讼涉案财物管理规定》第 5 条第 1 款规定："严禁在立案之前查封、扣押、冻结财物。"这就出现一个问题，在外国请求查封、扣押、冻结财产的情况下，由于中国司法机关对于外国审理的案件没有立案，有时候也不可能立案，所以外国提出查扣冻司法协助请求经常被我们主管机关束之高阁。我记得前几年有一个案件，美国的芭比娃娃公司财务部门有一天收到公司总裁的一个电子邮件，要求财务部门转一笔钱到另外一个账户上，公司财务人员按照总裁的邮件要求把钱转过去了，之后发现这是一个诈骗邮件，这笔钱后来被转到中国境内。美国主管机关根据以往的经验知道，请求中国公安机关协助冻结这笔资金是不大可能的，因为中国主管机关没有立案，这个案件是美国执法机关办理的。最后，芭比娃娃公司的总裁带着几个人到中国当地公安机关报案去了，之后才把转入当地银行账户的资金冻结起来，后来这笔钱也追回了。这就是在《国际刑事司法协助法》颁布之前我们遇到的法律的困境。如果外国的刑事案件完全发生在境外，和中国没有任何联系，也没有损害中国公民或者国家的任何权益，在这种情况下，我们的司法机关是不可能立案并启动刑事诉讼程序的。现在，《国际刑事司法协助法》就创建了一项制度：协助外国查封、扣押、冻结涉案财物不需要立案条件，也就是说，外国提出的查扣冻请求，只要符合《国际刑事司法协助法》规定的各项条件，我们的主管机关、办案机关就可以决定执行该查扣冻请求。值得注意的是，《国际刑事司法协助法（草案）》的第一稿曾经规定："主管机关审查认为依据外国刑事司法协助请求书以及所提供的证据材料，符合中华人民共和国法律规定的立案条件的，转交办案机关办理。"这里还保留着"立案"这个条件，正式颁布的法律把这个条件彻底删除了。现在，如果公安机关、检察机关或者监察机关接到外国提出的查扣冻请求，只要符合《国际刑事司法协助法》第43条第1款规定的下列条件，即可安排执行，这些法定条件是：①查封、扣押、冻结符合中国法律规定的条件；②查封、扣押、冻结涉案财物与请求国正在进行的刑事案件的调查、侦查、起诉和审判活动相关；③涉案财物可以被查封、扣押、冻结；④执行请求不影响利害关系人的合法权益；⑤执行请求不影响中国有关机关正在进行的调查、侦查、起诉、审判和执行活动。下面详细说一下：

第一个条件是查封、扣押、冻结符合中国法律规定的条件。这个表述是比较宽泛的，实际上是什么意思呢？实际含义是说：外国请求查封、扣押、冻结的财物应当是根据中国法律应予追缴的涉案财物，具体地说就是，请求查扣冻的财物是中国《刑法》第 64 条规定的"违法所得的一切财物""违禁品和供犯罪所用的本人财物"。对于外国刑事案件中的违法所得、犯罪工具、违禁品，如果这些涉案财物位于中国境内，我们都可以根据外国的请求协助查封、扣押、冻结。

第二个条件是查封、扣押、冻结涉案财物与请求国正在进行的刑事案件调查、侦查、起诉和审判活动相关。外国请求查扣冻的涉案财物必须和协助请求所列举的刑事案件有直接联系，必须是这个案件所产生的应予追缴的财物。如果财物跟相关案件不具有直接的关联性，我们也不能够协助查扣冻。外国不能以国际刑事司法协助的名义随意请求在中国境内查封、扣押、冻结财物，必须证明请求查扣冻的财物和相关的刑事案件存在密切的联系。

第三个条件是涉案财物可以被查封、扣押、冻结，或者说，外国的查扣冻请求是可以实际执行的。如果外国请求查扣冻的财物已经被查封、扣押、冻结了，不管查扣冻是发生在民事诉讼、刑事诉讼，还是行政程序中，就不能重复进行查扣冻了。比如，根据我国法律，一旦国家反恐怖工作领导机构对恐怖活动人员、恐怖活动组织作出认定，将对所有被列入名单的实体及个人采取金融制裁措施，冻结其资金和其他资产，假如外国请求查扣冻的财物恰恰属于涉恐资产并且已经遭受到上述制裁性资产冻结，在这种情况下就没法实际执行外国的查扣冻请求了。我国《刑事诉讼法》第 144 条第 2 款也规定："犯罪嫌疑人的存款、汇款、债券、股票、基金份额等财产已被冻结的，不得重复冻结。"

第四个条件是执行外国的查扣冻请求不能影响利害关系人合法权益。这里所说的"利害关系人"一般是指除请求国刑事诉讼中的被告人以外的第三人，并且是善意第三人。我刚才讲了，在以资产追缴为目的协助外国查扣冻的情况下，善意第三人可以提出异议并证明自己对相关财物享有合法财产权益，根据《国际刑事司法协助法》第45条的规定，如果利害关系人对查封、扣押、冻结有异议，办案机关经审查也认为查封、扣押、冻结不符合相关的法定条件，应当报请主管机关决定解除查封、扣押、冻结并通知对外联系机关。

　　第五个条件是执行外国的查扣冻请求不影响中国境内的法律程序。执行外国的查扣冻请求不应影响我们自己正在进行的调查、侦查、起诉、审判和执行活动。比如，我们正在调查或侦查一个案件，暂时不宜打草惊蛇，这时候，对于外国针对某些财物提出的查扣冻请求，我们就要权衡是否存在不利影响。有时候，有的物品与我们的审判或者执行活动有关系，根据外国请求对物品的扣押就需考虑是否会影响我们的相关法律程序。

　　除了上述五个条件以外，根据外国请求查封、扣押、冻结涉案财物还应当遵守《国际刑事司法协助法》第14条的规定，特别是该条规定的双重犯罪条件。刚才我说在调查取证问题上可以有一定的灵活性，但在以资产追缴为目的的查扣冻问题上，我们应当严格遵循双重犯罪条件，这一条件在这个时候是刚性的，因为为追缴资产而实行的查扣冻是具有强制性的行为，意味着对当事人财产权的一种限制。如果外国查扣冻请求所针对的行为根据中国法律并不构成犯罪，我们就不能贸然地限制当事人的财产权。

　　《国际刑事司法协助法》还推出一项新的制度填补了我国在违法所得没收方面法律上的空白，这就是根据外国请求没收违法所得及其他涉案财物。《联合国反腐败公约》要求各国建立一系列在没收事宜上的国际合作制度，中国加入《联合国反腐败公约》十多年了，在这部法律颁布之前，我们还不可能根据外国的请求去没收违法所得及其他涉案财物。这部法律颁布以后就有可能了，有法律依据了。根据外国请求没收违法所得及其他涉案财物同样不需要以我国主管机关"立案"为条件，只要满足《国际刑事司法协助法》第七章第二节中规定的六项条件就可以了。

　　在没收事宜的国际合作方面，《联合国反腐败公约》《联合国打击跨国有组织犯罪公约》等国际条约所倡导的主要方式是相互承认和执行没收裁决，这几年我们在相互承认和执行没收裁决方面取得了一些成功的实践，其中最典型的案例是江西李华波案。李华波是江西省鄱阳县财政局经济建设股原股长，贪污公款人民币九千多万元，2011年1月潜逃至新加坡，他向新加坡非法转移了大量资产，在那里购置了房产和大量的基金份额。在李华波外逃期间，江西省上饶市中级人民法院对他启动了逃匿、死亡案件违法所得没收程序并作出了没收裁决，随后，最高人民检察院向新加坡提出了关于承认和执行中国没收裁决的请求。在新加坡，承认和执行外国没收裁决需要分两步走：第一步先由新加坡主管机关对外国的没收裁决进行审查，审查认为符合新加坡法律规定的条件，就把该没收裁决在法院进行登记，外国的没收裁决经过新加坡法院的登记就具有了与新加坡法院没收裁决相同的效力。第二步是执行已经登记的没收裁决，需要外国再一次提出关于执行的请求，像是我国民事诉讼中的执行之诉。2015 年 11 月 12 日新加坡高等法院裁定：根据新加坡总检察长申请，对江西省上饶市中级人民法院 2015 年 3 月 3 日作出的没收裁决予以登记，据此，对李华波在新加坡境内共计 5 454 158.96 新加坡元（约合人民币 2680 万元）的资产实行追缴，并返还中国境内的财产受害人。这是我们通过相互承认和执行没收裁决制度成功从境外追赃的一个案例。

这个案件最重要的意义在于：我国法院在逃匿、死亡案件违法所得没收程序中作出的裁决可以得到外国的承认和执行。谈到相互承认和执行没收裁决，我也得讲清楚，我国有一类没收裁决外国是不会予以承认和执行的，那就是把没收作为财产刑来适用的没收个人财产甚至没收个人全部财产。在薄熙来贪污受贿案中，济南市中级人民法院判决认定薄熙来受贿所得折合人民币共计 19 104 165.11 元，在办案过程中扣押、冻结的受贿所得赃款赃物及用于抵缴受贿所得赃款的被告人薄熙来的财产折合人民币共计 20 447 376.11 元，这些被扣押、冻结的款项被法院以受贿所得赃款的名义全部没收。实际上，薄熙来最大一笔受贿金额是 350 万美元，这笔钱打到了薄谷开来在外国的一个离岸公司账户中，又以离岸公司的名义在法国戛纳购买了一处温泉别墅——枫丹·圣乔治别墅，据说这座别墅现在已经升值到 500 万欧元以上了。济南中级人民法院判决没收薄熙来个人全部财产，对用受贿所得赃款购买的这座别墅继续追缴，予以没收。但是，这个判决在法国执行不了，不仅在法国执行不了，可能在世界上绝大多数国家都执行不了，为什么呢？因为相互承认和执行没收裁决的对象是特定的，必须是违法所得。根据法国《刑事诉讼法典》的规定，向外国提供刑事司法协助，别说没收了，就是提供查封、扣押、冻结方面的协助，前提条件是要证明相关财产属于违法所得，在法国的相关法律程序中利害关系人可以提出异议。假如我们向法国请求执行济南中级人民法院的没收裁决，利害关系人可以提出异议说：认定薄熙来 1900 多万的受贿金额已经被全部没收，而且判决书说没收了 2000 多万元，已经超出认定受贿款的数额，因而，薄谷开来购置的这座别墅已不再属于违法所得。面对这样的异议，法国法院不可能接受我们提出的协助执行没收裁决的请求。

我国《刑法》中的没收财产刑不区分什么合法财产、非法财产，只要是被告人的个人财产都可以没收，个人的全部财产都可以没收，哪怕都是合法的也可以没收。这种没收财产刑现在世界上绝大多数国家都不接受。在相互承认和执行没收裁决问题上，我们现在只能拿在特别没收程序中对违法所得的没收裁决去请求司法协助，不要指望我国法院宣告的没收财产刑会得到没收事宜方面的国际合作。在薄熙来案中，法院能否不采用没收的方式追缴法国那座别墅呢？你判 2000 万罚金行不行？要是判 2000 万罚金，我们请求法国法院来承认和执行的话，也许还有点希望，但如果以没收的名义请求承认和执行，绝对不可能成功。

在协助外国没收违法所得问题上，我们这次颁布的法律有一个重大的突破，即把有权根据外国请求采取没收行动的主管机关范围扩大了。全国人大常委会 2018 年 1 月向社会公布的《国际刑事司法协助法（草案）征求意见稿》第 58 条规定：外国向中国请求承认和执行没收裁判的，如果对外联系机关认为可以提供协助，转交给最高人民法院审查、安排办理。正式颁布的《国际刑事司法协助法》从先前的草案中删除了两个重要的用词：一是"最高人民法院"，二是"没收裁判"，这意味着无论请求国是否已作出没收裁决，《国际刑事司法协助法》第6条所列举的所有"主管机关"都可以同意并且安排根据外国请求没收违法所得及其他涉案财物，只要在违法所得没收问题上该主管机关根据我国法律享有决定权或者程序启动权。实际上，除国家监察委员会、最高人民法院、最高人民检察院、公安部、国家安全部外，我国其他一些执法机关也享有这样的职权，因而也可以根据《国际刑事司法协助法》规定的条件协助外国没收在我国境内的违法所得及其他涉案财物。

根据《国际刑事司法协助法》第七章第二节的规定，外国在没有作出没收裁决的情况下也可以请求中国主管机关协助没收违法所得及其他涉案财物。在这种情况下，我们检察机关可以参照犯罪嫌疑人、被告人逃匿、死亡案件违法所得没收程序来协助外国进行没收。《国际刑事司法协助法》第3条第2款也明确规定："执行外国提出的刑事司法协助请求，适用本法、刑事诉讼法及其他相关法律的规定。"因而，当执行外国提出的没收违法所得及其他涉案财物的请求时，遇到《国际刑事司法协助法》没有作出具体规定的问题，可以适用《刑事诉讼法》的相关程序。有时候，外国向我们提供了相关的证据证明在中国境内的财物属于违法所得，检察机关也可以依据《刑事诉讼法》的违法所得没收程序向法院提出没收申请。法院在协助没收程序中发布公告，保障利害关系人享有参与诉讼的权利，检察机关应当按照特别没收程序的证据要求提供证据。最高人民法院和最高人民检察院2017年1月发布《关于适用犯罪嫌疑人、被告人逃匿、死亡案件违法所得没收程序若干问题的规定》中对违法所得的证明标准作出新的规定，即"申请没收的财产具有高度可能属于违法所得及其他涉案财产的，应当认定为本规定第16条规定的'申请没收的财产属于违法所得及其他涉案财产'"，外国提供的证据只要符合"高度可能"这个标准，我国法院就可以基于检察机关代表外国提出的没收申请作出没收裁决并安排执行该裁决。当然，特别没收程序的某些适用条件是不应套用的，比如说，不宜套用《刑事诉讼法》第298条第1款规定的"犯罪嫌疑人、被告人逃匿，在通缉一年后不能到案，或者犯罪嫌疑人、被告人死亡"这样的国内法程序性条件。我觉得，检察机关在协助外国没收违法所得时要努力发挥我国《刑事诉讼法》规定的逃匿、死亡案件特别没收程序的作用，在请求国尚未作出没收裁决的情况下，《刑事诉讼法》规定的这一特别没收程序可能成为协助外国追缴资产的一项重要的法律程序和措施。

另外，《国际刑事司法协助法》第53条规定："外国请求返还违法所得及其他涉案财物，能够提供确实、充分的证据证明，主管机关经审查认为符合中华人民共和国法律规定的条件的，可以同意并安排有关办案机关执行。返还前，办案机关可以扣除执行请求产生的合理费用。"根据这一条款，如果请求方能够提供相关证据材料证明有关的涉案财物是归该国家的当事人所有，不管是法人还是自然人，我们都应该返还相关财物。这一法律程序可能表现为两种形式：一种形式我们叫作"简易返还"，还有一种可以叫作"没收后返还"。

关于"简易返还"，《刑事诉讼法》第245条第1款规定："对被害人的合法财产，应当及时返还。"例如，被告人盗窃了一件文物，如果某博物馆能够证明该文物是它的展品，公安机关、检察机关马上就可以向该博物馆实行返还，用不着等到法院去判还。同样，如果外国向我们提供证据材料证明外国的当事人对在中国境内的某一财物享有合法所有权的话，只要所提供的所有权证据确实、充分，我们也可以立刻作出返还的决定。所有的主管机关都可以这样做，公安机关、检察机关、监察机关都可以直接返还，没有必要提交法院决定。

所谓"没收后返还"是指有关财产被中国主管机关采用国内法程序没收了，无论是根据《国际刑事司法协助法》规定的程序没收的，还是根据《刑事诉讼法》《禁毒法》或者其他国内法规定的程序没收的，没收以后如果外国提出相关的证据材料证明被没收的财物是归外国当事人所有的，我国主管机关也应当根据这样的所有权证明将被没收的财物返还给外国权利人。几年前，广东江门海关查获走私分子从加拿大偷运到广东珠海的14辆走私汽车，后来江门市中级人民法院对这个案件进行审理，对犯罪人判了刑，没收了14辆走私汽车，就在准备拍卖的时候，加拿大皇家骑警发来了一个函件，提供证据材料证明在14辆走私汽车中有2辆奔驰越野归他们所有，这2辆奔驰越野在加拿大境内被偷了，价值约140万元人民币，同时向公安部提交了所有权证明，保险单上的发动机号码和车架号码都对的上，加拿大皇家骑警要求返还这2辆奔驰越野。在这种情况下大家曾讨论过一个问题：我们法院已经判决没收的而且拍卖所得要上交国库的物品能不能返还？我国《刑法》第60条规定："没收财产以前犯罪分子所负的正当债务，需要以没收的财产偿还的，经债权人请求，应当偿还。"这里讲的是债权，物权更应该受到保护。在没收问题上有一条原则：没收只剥夺所有权，不剥夺请求权。也就是说，没收只剥夺财物持有人所享有的财产权，但不剥夺任何第三人对这个财物提出请求的权利。在这个案件中，我国法院作出的没收裁决剥夺了犯罪分子对汽车的所有权，但是，作为第三方的加拿大皇家骑警证明其中的财产是其合法所有的，原所有人请求返还被窃物的权利应该受到保护。我们最后决定把被窃的 2 辆汽车返还给加拿大皇家骑警。

　　《国际刑事司法协助法》还规定了被没收资产分享制度。有时候我们说追赃比追人难，追赃难在哪？资产追缴涉及经济利益问题，任何国家都欢迎外面的财产进来，流入的越多我越高兴，多多益善，但真让一个国家把流入的资产送回去，可就很难了。现在国际上实行一种被没收资产分享制度，你帮助我追回资产，不让你白干，我可以拿出一部分被追回的资产与你分享。《国际刑事司法协助法》就引进了这个制度：我们帮助外国追缴的财产，我们可以要求外国拿出一部分与我们分享，比如，我们为外国的毒品犯罪案件提供了在中国境内贩毒的证据材料，在外国法院判决没收财产后就应当拿出一部分被没收的财产来与我们分享，我们把这种分享称为"被动分享"，对此，《国际刑事司法协助法》第 54 条规定："对于外国请求协助没收、返还违法所得及其他涉案财物的，可以由对外联系机关会同主管机关提出分享的请求。分享的数额或者比例，由对外联系机关会同主管机关与外国协商确定。"同样，如果我们在外国帮助下成功追缴了财产，我们也可以把追缴的财产拿出一部分与外国分享，我们把此种分享称为"主动分享"，对此，《国际刑事司法协助法》第 49 条第 2 款规定："对于请求外国协助没收、返还违法所得及其他涉案财物，外国提出分享请求的，分享的数额或者比例，由对外联系机关会同主管机关与外国协商确定。"这样做有助于调动大家的积极性，对提供资产追缴协助的国家也是一种奖励或鼓励。

分享被没收资产这方面的成功实践我们也有。在闫永明案件中，中国主管机关向新西兰执法机关提供闫永明在中国境内犯罪的证据材料，新西兰以洗钱犯罪的名义没收了闫永明价值人民币两亿多元的资产，拿出了差不多 2/3 被没收资产和中国分享。如果我们中方不向新西兰执法机关提供关于洗钱上游犯罪的证据材料，闫永明的洗钱罪就很难认定，那两亿多违法所得也很难没收。我们这里讲的"被没收资产的分享"，是扣除办案合理费用之后的分享，办案机关在追缴违法所得过程中一些必要花费是要扣除的，扣除以后还剩下的资产净额我们再去分享。我刚才讲到的加拿大汽车返还案，我们返还的时候也向加拿大方面提出一个条件，要扣除 12 万元人民币的费用，因为汽车在我们仓库里面保管，要定期维修、保养，我们还要给它创造仓储条件，都是有花费的，对此加拿大方面也予以认可。这 12 万元就属于合理的费用，不属于分享的范围。

## 五、移管被判刑人的相关法律问题

最后，我们讲讲移管被判刑人方面的相关法律问题。《国际刑事司法协助法（二审稿）》新增了第八章"移管被判刑人"，这部法律出台以后，有媒体采访我：黄教授，这个移管被判刑人是什么新的追逃手段？实际上，移管被判刑人和追逃没有关系，引渡、遣返是强制性的，而移管被判刑人则是非强制性的，这种合作的开展应当得到判刑国、执行国和被判刑人的同意，没有被判刑人的同意，不能开展这样的移管合作。一个外国人在中国犯罪，被中国法院判刑并在中国监狱里服刑，我们可以通过移管合作把他送回老家去，即送回他的国籍所属国，让他在其国籍所属国的监狱里继续执行由中国法院判处的刑罚。实际上，移管被判刑人是一种相互承认和执行刑事裁决的国际合作方式，这种合作对于有关各方都是有利的。比如说，中国是判刑国，外国人在中国监狱里服刑我们得给予一些特殊待遇，他吃不惯中餐，有时候要给他做西餐；他有宗教习惯，每天清晨5点起来做祷告，我们得保证他有安静的环境；他生病了，我们也要给他看病，据我所知，有的监狱相当大的一部分医药费花在了外籍服刑人员身上，因为他们无法保外就医；这些对于判刑国而言都是很沉重的负担。对于外籍服刑人员国籍所属国来说，该国的领事人员要定期去监狱探视，考虑怎么保障外籍服刑人员的相关权益，这也是一个沉重的任务。对于外籍服刑人员来讲，在中国监狱服刑期间，国外的亲属与其会面有很多不便利的地方。如果外籍服刑人员能够回到其国籍所属国服刑，在一种他熟悉的文化和生活环境下服刑，在一种能够和家人比较容易会面的条件下服刑，这将特别有助于他服刑以后重返社会。这种移管合作不是对各方都非常有益吗？

移管被判刑人是很符合人道主义精神的一种国际司法合作形态。这种移管合作最重要的条件就是被判刑人同意接受移管。我到一些监狱进行过调研，有些外籍服刑人员愿意回国服刑，还有一些外籍服刑人员则不愿意回去，比如一些老挝、越南、缅甸的服刑人员。在云南一所监狱调研时，一位外籍服刑人员对我说："我不愿意回去服刑，在中国监狱里队长对我挺好的，吃得也好，穿得也好，生活条件挺好，每天除参加劳动还能学文化、学技术。"移管被判刑人与引渡之间最大的区别是什么？就是移管尊重被判刑人的回国意愿，《国际刑事司法协助法》为向外国移管被判刑人规定的条件之一就是："被判刑人书面同意移管，或者因被判刑人年龄、身体、精神等状况确有必要，经其代理人书面同意移管。"第58条还规定："主管机关应当对被判刑人的移管意愿进行核实。外国请求派员对被判刑人的移管意愿进行核实的，主管机关可以作出安排。"

移管被判刑人分为两种：一种是移出式，另一种是移入式。外国人在中国犯罪，在中国被判刑，从中国监狱里迁移回国服刑，由外国承认和执行中国法院判处的刑罚，对于中国来说，这是移出式移管被判刑人；把在外国犯罪的中国公民迁移到中国监狱里服刑，承认和执行外国法院判处的刑罚，对于中国来说，则是移入式移管被判刑人。在这两种移管中，中国的联系机关都是司法部，检察机关和人民法院也负有相应的职责。在移出式移管中，移管被判刑人的主管机关——司法部应当征求检察院的意见，看看检察机关同意不同意移管，只有在检察机关同意的情况下，才能接受外国的被判刑人移管请求。在移入式移管中，中国检察机关的职能也同样很重要，根据《国际刑事司法协助法》第63、64条的规定，在移入式移管的情况下，先把在外国被判刑的中国公民迁移回国，并由主管机关指定刑罚执行机关先行关押起来。外国法院判处的刑罚可能与中国法律规定的刑罚不大一样，需要进行转换，把外国的刑罚转换成中国法律规定的刑罚。刑罚转换的申请是由中国检察机关来提出的，人民检察院应当制作刑罚转换申请书并附相关材料，提请刑罚执行机关所在地的中级人民法院作出刑罚转换裁定。在确定转换后的刑种、刑期时，检察机关和人民法院应当遵循《国际刑事司法协助法》第64条为刑罚转换规定的一系列原则，即①转换后的刑罚应当尽可能与外国法院判处的刑罚相一致；②转换后的刑罚在性质上或者刑期上不得重于外国法院判处的刑罚，也不得超过中国《刑法》对同类犯罪所规定的最高刑期；③不得将剥夺自由的刑罚转换为财产刑；④转换后的刑罚不受中国《刑法》对同类犯罪所规定的最低刑期的约束。检察机关应当按照这些原则提出刑罚转换的意见，最后由人民法院作出刑罚转换的裁定。这就是在移入式移管被判刑人程序中检察机关和人民法院所承担的重要职能。

这里还有一个问题，根据我国《刑法》第 10 条的规定，在中国境外犯罪的人，虽然经过外国审判，仍然可以依照中国《刑法》追究刑事责任，对其在中国境内重新进行审判。如果被移管回来的中国公民在境外实施的并且已受到外国法院审判的行为根据中国法律也构成犯罪，中国检察机关可否按照《刑法》第 10 条的规定对其进行追诉？在移管被判刑人合作中，这是不行的。《国际刑事司法协助法》第 64 条第 2 款规定："人民法院应当依据外国法院判决认定的事实，根据刑法规定，作出刑罚转换裁定。"在移入式移管被判刑人合作中，刑罚转换的基础是外国法院认定的事实，中国检察机关不能要求人民法院对同一犯罪事实重新进行审理，人民法院在进行刑罚转换时也不得对外国法院认定的犯罪实行实质性审查，更不得改变外国法院已作出的事实认定。这是在移管被判刑人问题上对《刑法》第 10 条的适用限制，是对"一罪不二罚"原则的立法确立。我国与一些国家缔结的双边移管被判刑人条约规定得更为明确，比如，《中华人民共和国和西班牙王国关于移管被判刑人的条约》第 10 条第 1 款规定："对于被移管的被判刑人，执行国将根据本国法律继续执行判刑国判处的刑罚，并且不再对判刑国据以判刑的同一罪行重新进行审判。"

如果被判刑人在移入式移管后对于外国法院的定罪提出异议，他应该向作出刑事判决的外国法院提出申诉，对此，《国际刑事司法协助法》第66条规定："被判刑人移管回国后对外国法院判决的申诉，应当向外国有管辖权的法院提出。"这一规定实际上进一步确认外国法院在事实认定方面享有的专属权，我们不能够改变外国法院对相关犯罪的认定，只能把相关的申诉转递给外国主管法院。《国际刑事司法协助法》确立的这些新规则、新制度是对我国刑事立法的重要发展。